LARGE PRINT
SUDOKU

EASY-TO-READ PUZZLES

SIRIUS

SIRIUS

This edition published in 2024 by Sirius Publishing, a division of
Arcturus Publishing Limited,
26/27 Bickels Yard, 151–153 Bermondsey Street,
London SE1 3HA

Copyright © Arcturus Holdings Limited
Puzzles by Puzzle Press

ISBN: 978-1-3988-4205-2
AD011460NT

Printed in China

Contents

Puzzles:

 **Beginners**

For those who are new to sudoku

 **Gentle**

Warm up with these puzzles

 **Engrossing**

Give your mind a work-out

 **Challenging**

Hone your solving skills with these teasers

 **Expert**

Strictly for the initiated

Solutions

An Introduction to Sudoku

Each puzzle begins with a grid in which some numbers are already placed:

	9	6			8		3	
		1		4	2			
5						8	1	9
4		7	1	2				3
		8	7		6	5		
2				9	4	6		1
8	7	2						5
			3	5		1		
	3		2			4	6	

You need to work out where the other numbers might fit. The numbers used in a sudoku puzzle are 1, 2, 3, 4, 5, 6, 7, 8 and 9 (0 is never used).

For example, in the top left box the number cannot be 9, 6, 8 or 3 (these numbers are already in the top row); nor 5, 4 or 2 (these numbers are already in the far left column); nor 1 (this number is already in the top left box of nine squares), so the number in the top left square is 7, since that is the only possible remaining number.

A completed puzzle is one where every row, every column and every box contains nine different numbers:

Column

Row →

Box →

7	9	6	5	1	8	2	3	4
3	8	1	9	4	2	7	5	6
5	2	4	6	7	3	8	1	9
4	6	7	1	2	5	9	8	3
9	1	8	7	3	6	5	4	2
2	5	3	8	9	4	6	7	1
8	7	2	4	6	1	3	9	5
6	4	9	3	5	7	1	2	8
1	3	5	2	8	9	4	6	7

1

★

6		7	1		4		9	
		3	9				1	8
	1	9		3	2		4	
		4		5			8	1
5			7	9	8			6
2	9			6		7		
	7		8	2		1	5	
1	8				6	2		
	4		5		7	8		3

2

			8	9	4	7		3
1	4	7		2		9		8
			7		1	6		
	8		2		6			7
	3	5		4		1	6	
2			3		5		8	
		2	5		9			
3		9		6		8	4	5
6		8	4	3	7			

★

6			2	4			8	3
2		9		8		6		7
	5				1		2	
		2	6		8	4	7	1
		8		2		3		
7	6	5	3		4	2		
	3		8				4	
9		4		3		7		5
1	2			7	5			9

	4					6	7	9
2	7			4	3			8
5		1			9	3		
	3			9	2		5	6
4			1		6			7
1	2		5	8			9	
		3	7			8		1
6			9	5			3	2
7	8	2					4	

★

	4	6	8			3	2	
1	7				9	5		4
9				4	2		6	
4	6	5		9	3			
	8			2			1	
			7	5		6	4	3
	1		2	7				8
8		9	3				5	7
	5	4			1	2	3	

6

6	1				8		3	2
	3		7	2	5		4	
2		5			3			9
		9	2		4			7
3	2			7			9	5
1			5		9	8		
7			4			1		3
	5		1	9	7		6	
8	6		3				7	4

7

4		7	3		2	8		5
1	5			4			3	7
	8			1			6	
6	1		4		3		8	9
		9	6		1	3		
3	4		9		7		2	1
	2			3			9	
5	9			6			7	3
8		1	2		9	5		6

★

8

	5	8		1	3	9		
2				6	4			7
7	6	9				3	4	1
		1			5			4
	3		6	8	7		9	
9			2			8		
3	8	5				4	6	9
6			8	3				5
		2	4	5		7	3	

★

6		2	7			3		5
			5	4		9		7
		5	3		8			4
2	9			3	6		5	
	1	6		8		4	9	
	3		4	9			2	6
7			6		1	8		
4		9		2	3			
1		8			4	6		2

★

1		4	5	9				2
		2			6			
		8		3		1	5	6
2	4		7		3		8	1
	1	6		4		7	9	
8	5		6		9		4	3
7	8	1		2		5		
			8			3		
6				7	5	4		8

2			6		7			3
	3	8		2		9	4	
5		1	9	4		8		
	5				6	1	3	4
	7			5			2	
6	9	4	3				5	
		6		3	5	2		7
	8	5		7		4	6	
9			1		4			5

	5		9	4			1	8
1		8		6	2			4
	6				5	3		9
6				1		8	9	
		1	5	7	9	2		
	7	4		2				5
5		2	8				7	
3			7	5		9		2
7	8			3	4		6	

★

5					4	1	9	2
		2	9	8	7			5
3	6		2				7	
9		3		4			2	
	5		7	3	8		1	
	1			2		8		4
	9				3		4	6
8			4	7	1	9		
4	3	5	6					1

14

★

	6			8	7	5	3	
	5		9			7	2	4
	1	4		3				8
	7			1	8			2
1		5		2		8		6
2			3	5			7	
3				4		9	6	
5	4	7			6		8	
	9	8	2	7			1	

3	2		4	9		8		6
	4			3	6		5	9
		9	1					3
2				5		9	6	
		5	6	7	4	1		
	7	3		1				4
8					7	6		
7	9		3	8			2	
4		1		6	9		7	8

16

4			1		6		9	7
		2		5				6
9	5		7		4		8	
3		4	2		5		1	
	6			7			5	
	7		3		9	6		8
	2		4		7		6	3
1				8		9		
6	9		5		3			2

6	9	4				7	3	8
	5		4	3	9		1	
3					7			4
9			3				2	
		6	5	7	4	8		
	7				1			6
5			9					1
	6		8	2	5		7	
2	8	9				4	6	5

7			4				5	6
		4	7	1	6	2		
	9	3	8			4	1	
	3		5		7			8
	4	1		6		5	7	
5			2		1		6	
	8	9			4	6	2	
		7	6	5	3	9		
1	6				2			3

6			3	5			4	
7				9		3	1	2
4	3				1			
	4	6	8		9	7	2	
1		2		6		5		8
	7	3	1		5	6	9	
			7				8	9
2	8	7		4				3
	1			8	3			6

★

		8	3	9	6			1
	4		7			6		9
	5	6			8		3	
5	6	2		4	7			3
		1		3		8		
3			9	6		5	2	7
	2		1			3	7	
8		9			4		6	
4			6	5	3	2		

					6		5	9
5		2		4	7		3	
	9	6			2	7		
8	1		3			4		
3			2		9			6
		5			1		9	8
		8	7			1	2	
	2		6	5		8		7
4	3		1					

★ ★

8			7	4			5	
2	6	1			9			
		5	1			2		9
5	1			2		3		
		6	8		4	7		
		7		3			8	2
1		9			3	4		
			2			5	7	3
	3			8	5			6

★ ★

		3		2		1	7	6
		5	7	8				
		9			6			
3	7		6		8		5	2
	1	6				4	8	
9	5		4		2		3	1
			3			2		
				4	7	5		
4	3	1		9		7		

★★

		8		7		3		
4		9	8			7		6
	7	1			2	8	4	
8	1		6	4				
	9						6	
				3	5		8	2
	2	7	9			6	5	
5		4			7	1		3
		3		1		2		

25

★★

1		4					9	2
		9		6			3	8
				4	7	5	6	
3			8				1	
8		5	4		6	9		3
	2				5			7
	9	8	7	1				
6	3			8		2		
5	7					1		4

26

			8	3	4	9		
8	7	9		6		3		
			7		9	1		
4			1		6		9	
5		2				7		1
	6		2		5			4
		6	3		2			
		3		1		4	2	8
		4	9	5	8			

	1	5	8			7		
9							4	8	5
	4		2	3				
2			3	5			1	4
	8		1		6		9	
3	6			2	4			7
				9	7		4	
8	2	6						9
		7			2	1	3	

		4	3			1	2	
8	2				5	9		
7				8	4		3	
			5	9		2	6	1
	3						7	
5	1	6		2	8			
	6		4	1				9
		2	9				8	3
	4	5			7	6		

★ ★

	4			7	3			2
6	7				1	8		
		3	2			9		6
			1	8		6	9	5
2								4
9	1	5		6	7			
3		1			4	5		
		6	8				2	7
5			3	9			8	

★ ★

	1		6		8			7
		7		3			4	
9	8		5		2			1
	3	9			7			2
6				2				9
4			1			5	8	
3			2		5		7	6
	9			6		1		
7			4		9		5	

6	1			3			5	2
	5			6			4	
		2	5		4	8		
5	7		6		9		8	3
		6	8		3	5		
8	4		1		5		9	6
		7	4		6	1		
	3			8			7	
1	6			9			2	8

★ ★

	6		4		7	5		
	9		1		5	6	8	
		7		8				3
	4		3			2		5
	8			1			7	
7		9			6		1	
6				9		4		
	7	2	5		1		3	
		3	8		2		6	

★ ★

	8	3					9	1
	6	2		4				7
4		5		1	3			
	2				4	1		
8	4		6		9		2	5
		7	8				3	
			3	9		6		8
5				6		2	4	
9	1					5	7	

5			6		2	7		
		3		8			5	
7			1		9	6		4
1			5			8	4	
4				1				2
	9	6			7			3
2		5	9		1			8
	7			2		4		
		9	4		3			5

35

★★

4			6		3		8	
	1			9		4		
8			2		5		6	7
2			4			7	9	
7				2				3
	6	5			8			1
3	4		5		2			9
		8		3			7	
	5		7		1			4

4		5				8	6	
1		2		3			4	
3	9			6	7			
		7			9			5
	4	1	6		3	2	9	
8			2			1		
			7	8			2	4
	5			2		3		1
	8	6				9		7

★ ★

4	9	7			8			
	3	5	7	1			6	
1				3		4	2	
				5	3			9
6		1				5		2
9			1	2				
	6	8		4				3
	2			7	9	1	8	
			6			7	4	5

★ ★

6		8	2			4		9
	5	7			4	3	6	
		9		7		5		
1	9			5	6			
8								2
			8	3			1	7
		5		4		1		
	8	4	1			2	3	
3		1			9	7		4

★ ★

2				5	6			9
5	4	7				3	8	6
	3				7		5	
1			5				6	
		4	9		3	8		
	8				2			7
	2		6				9	
8	9	3				6	1	4
7			4	1				8

8		4			5	1		6
		5		1		2		
	1	9	3			5	8	
5	9			8	6			
	4						6	
			7	2			5	3
	3	1			4	6	7	
		2		9		3		
7		8	1			9		2

★ ★

	6		3				4	5
2			6	8		9	3	
9		5	4					
	8				2	7		1
		4	5		3	2		
5		7	1				9	
					1	8		2
	7	6		9	4			3
3	1				6		7	

★ ★

4		8	2					5
		1	5	7				
	7					2	9	3
	5		1	2		3	8	
		7	3		4	9		
	1	4		6	8		2	
1	6	9					7	
				8	2	1		
5					9	4		6

43

★★

4				9	2	7	1	
1	3				8			
		2			7	8		3
3	6				5	1		
	8		7		3		4	
		9	4				6	5
7		5	2			6		
			5				9	4
	2	6	8	1				7

★ ★

	9		2	8		3	6	
	4	5			6			9
3					9			
	7	4			3	9	1	
6				7				8
	1	8	5			2	7	
			1					5
2			4			1	3	
	5	3		9	7		8	

45 ★★

	7	1		4	8			5
					6		3	7
3		6			1	8		
		7			2		9	3
	5		1		3		6	
2	9		5			4		
		9	8			2		1
5	4		2					
1			6	7		9	8	

46

★★

	8			1		3		5
1		6	4	8				9
2	3	4			7			
				6	1		2	
	9	8				6	5	
	2		8	5				
			9			4	6	3
5				4	2	8		7
9		7		3			1	

	7				5	2	9	
		8		6	4			5
1	4	5	3					
6		3		5			1	
	1		6		7		8	
	5			3		4		2
					9	3	2	8
4			1	7		6		
	3	9	2				4	

	9		5			8		
6				8	3	5		4
5			4			7	1	
9	4			2		6		
	1		7		9		2	
		7		1			3	5
	8	9			7			6
2		4	9	3				7
		3			1		4	

49

★★

2	1			6	7	8		
	4					7	5	
		9	8		3	6		
				7	2		8	5
3			4		8			9
8	6		3	1				
		4	2		5	9		
	5	2					1	
		6	1	9			3	2

2				7	9		4	6
		4	2					
1	8		6			2		
5	7				8		9	3
		6		3		7		
3	1		4				2	5
		9			1		5	4
					5	8		
8	4		3	2				7

51

★★

2		3		4		6		7
	7		6		9		5	
		5		2		1		
6		4	8		7	9		2
	8		1		2		6	
1		2	4		6	5		8
		9		6		8		
	2		9		8		3	
3		8		1		7		6

52

★★

5		6	2	1			3	
			9			4	6	
9	4		5					2
	8	7			3			1
		3	4		5	9		
6			8			7	4	
7					2		5	8
	3	1			8			
	5			6	9	2		7

★ ★

	4		1	8		6	2	
		3			7			
8	1			5			4	3
6			3			9	8	1
5								7
3	2	8			9			6
9	8			7			6	4
			2			1		
	5	7		3	6		9	

54

★★

					2	5	6	3
8			1	5		4		9
2		9		3			7	
	1			8	4			
	2	4				6	8	
			7	6			1	
	4			7		3		8
7		6		4	5			2
1	3	5	9					

55

★★

	9	7			6			5
6	5		2	4				3
	4				5	1		
	3			8		6		1
		8	1		9	7		
5		2		7			9	
		6	7				2	
9				2	1		6	8
3			9			4	1	

3			6					9
4	8	9				6	3	7
	5		8	3			2	
	6		2					4
		4	9		5	7		
8					3		1	
	4			1	7		6	
1	7	8				9	4	5
5					8			2

57

		6		9				7
	1		2		8	3	9	
	3		6		5	2		
6		1	3				8	
	9			8			6	
	5				7	4		2
		7	4		9		3	
	6	4	8		2		7	
3				1		5		

2				9	8		6	
		5			4		9	1
1		7	2			8		
3	7	1	4	5				
6								2
				1	9	3	4	7
		3			6	4		8
9	2		5			1		
	5		8	7				3

3			6		8		7	
4			5		7		3	9
	8			9		2		
6			2			7	1	
9				5				8
	4	8			3			5
		3		4			6	
8	1		7		5			2
	2		9		1			3

4		5			2	6		7
9	6		7				8	5
7				5				1
	7	4	8	6				
		9				8		
				1	3	7	2	
1				4				2
6	3				5		1	4
5		2	9			3		8

★ ★

	9			3	7	5		1
	1	2				7		
	8		2		1		3	
4		9		7	5			
5			4		8			3
			1	6		4		2
	3		5		4		9	
		8				2	6	
1		7	6	9			4	

★ ★

	9	4		5		6	2	
			1					4
7	3			6	2		9	
8	6	2			4	7		
		1				5		
		7	8			4	3	6
	8		7	4			5	1
2					3			
	7	9		1		8	6	

★ ★

9	4				5			6
6		5		2	1		4	
					9	7	3	
	8	6	9					2
		1	8		4	3		
7					3	6	9	
	2	8	1					
	3		5	7		2		4
5			4				8	1

64 ★★

4		8		5		1		3
			7				4	
	2	9		3	1	8		
2			6			9	3	4
7								5
1	6	3			4			2
		6	2	4		5	7	
	1				9			
8		2		7		3		6

65

★★

2					3	8		9
	5	8	4					7
	1		2	5		3		
				7	4	6	9	8
		3				1		
6	4	9	5	8				
		6		9	2		7	
8					7	5	3	
4		2	1					6

4		5					8	
			6	2	7			
6	9			8		1	3	
7	4	2	8			9		
3			7		6			4
		8			4	7	5	1
	8	9		4			7	6
			1	6	3			
	3					4		5

★ ★

2				9				7
		9	1		5	6		
	1	6	7		3	9	8	
3			4	8	1			9
	9	8				4	5	
1			9	5	6			3
	3	1	5		4	2	7	
		2	8		9	5		
5				1				6

5	2	1		6			8	
				7	5		3	
			1				9	
3		6	7		1	8		5
7	4						1	2
8		2	6		4	9		3
	6				8			
	3		5	4				
	5			9		4	2	8

★ ★

					1		4	7
	8	1			2	3		
2		3		5	6		8	
		7			4		1	3
6			9		8			4
3	9		1			5		
	4		2	7		8		5
		2	8			6	9	
9	5		6					

★ ★

	9	8	4	1		3		
7	4				3	5		
	1				6			9
	3			6		2		1
6			3		4			8
9		4		8			5	
4			2				7	
		2	9				3	6
		5		7	1	9	2	

71

★★

	4	3					6	
		8		5	3		7	2
		5	8		9	1		
			9	7			5	8
1			6		8			9
4	8			3	2			
		1	2		4	6		
2	9		7	1		5		
	7					2	4	

7				2	1			8
		6			9	3		
1	9	2				6	4	7
		9			5			2
	7		4		6		1	
8			3			7		
9	4	7				1	8	5
		5	8			4		
6			9	5				3

73

★★

7	1					8		9
				1	8	5	3	
	4			3		6		2
		1			3			6
6	5		2		7		9	3
8			9			4		
3		6		2			5	
	9	2	8	7				
4		5					7	1

9				2		3	4	5
6			4		5			
5			3	9	1			
	5		6		2	1		
4		6				8		7
		1	7		8		2	
			5	8	3			1
			9		7			2
1	7	3		6				9

★★

2		5	8			1		
	8	1	6	4				2
			5				3	7
9	1				5	4		
	6		2		9		7	
		3	7				1	5
4	9				6			
7				3	8	2	4	
		8			2	6		9

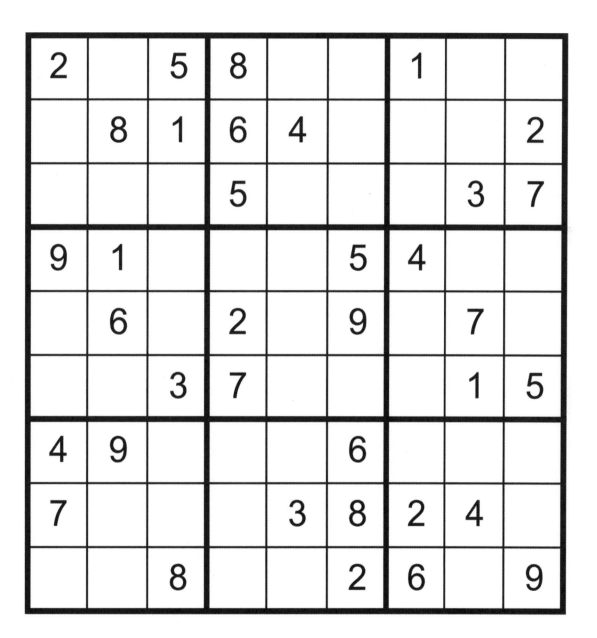

76 ★★

	8	7	6			9		
6			3	4			1	
					2	3	6	5
		5		6			2	4
		1	9		4	5		
8	3			2		6		
1	2	8	7					
	4			9	5			3
		3			8	2	7	

77

★★

	6			9	4			
5	2				3			4
		9				8	3	7
	5	6	2	1		3		
	9		5		7		8	
		4		3	6	2	7	
6	8	1				9		
4			8				5	1
			3	2			6	

6	9	3			2			
4	1		5	6			8	
		7		9			2	1
		5	7	3				
3		8				2		4
				8	4	5		
9	8			7		4		
	2			4	6		7	3
			1			9	5	6

1		3		9			2	4
			2	6	5			
9						8	7	
8	3	5			7	9		
	7		5		2		1	
		4	9			6	5	7
	8	7						1
			3	2	1			
5	2			7		4		9

★ ★

	5	2			8		6	
		8	6	9				1
	7		4			2		9
			9	2		5	3	4
		1				8		
5	2	3		7	4			
8		9			7		2	
7				5	6	3		
	3		1			6	4	

9					1		5	3
	7		3		8			9
2	1			5	6			
		6	1	2		5		
3		8				2		1
		2		6	3	4		
			4	1			7	2
4			6		9		1	
5	3		7					6

82

★★

		5	6	1			2	8
8			2			5		3
	7	4	3					
	8	3	4					7
	4		5		9		6	
1					3	9	8	
					6	1	9	
6		9			5			2
5	1			7	2	4		

★ ★

3			7	5	4			
8			6		1			
1				2		6	7	3
		8	5		6		3	
6	5						2	9
	3		8		2	4		
4	7	9		8				1
			4		9			2
			3	1	7			4

84 ★★

			4	7			1	
8	6	1						5
		2	6			8	3	
2				4	1		9	7
	5		3		9		6	
1	3		7	8				4
	7	3			4	2		
5						9	4	6
	1			5	2			

★★

85

		2		6		1		
	6	3	5			2	8	
8		9			2	6		7
2	3			8	7			
	9						7	
			4	1			2	5
4		8	6			3		1
	5	6			9	7	4	
		1		3		5		

86 ★★

	3				8			
8			5	4		3		7
9		6			7		8	
1		9			3	8		2
	7			1			4	
2		4	6			5		1
	5		9			2		3
6		3		8	1			4
			2				6	

9	5			8	3		6	
			6			9		
		6	5				7	2
3	1				2		4	8
		8		1		5		
6	4		9				1	7
4	9				7	3		
		2			4			
	8		1	6			2	9

	7			3			2	
3			9		8			1
1		8	6		2	4		3
	8		1	9	3		6	
4		3				9		5
	6		8	4	5		3	
8		6	5		9	2		7
7			3		4			9
	9			8			1	

	1			8				7
		7	9		4		6	
		6	5		2	3	4	
		2			7		8	3
		3		2		9		
5	4		6			1		
	7	9	2		5	8		
	5		1		3	7		
6				9			3	

★ ★

					8	2	9	1
	8	9	2			7		
7			5	3			6	
		4		9			7	2
		5	6		3	1		
6	9			4		5		
	1			6	7			4
		3			4	8	2	
5	4	7	9					

★ ★

1				6	3			
3				7		4	6	8
2			4					
	8	4	6		2	1	7	
6		5				8		9
	2	1	9		5	3	4	
					9			7
8	9	3		2				4
			3	5				1

	5	7		8		4		1
			1	2	6			
		8					9	3
	4		8			3	2	6
3			6		1			7
5	6	9			3		8	
9	3					7		
			5	1	7			
1		6		3		8	4	

93

★★

	6		3	1		7		
7			8				9	4
8	4	5			9			
3				2		6	4	
5			6		1			3
	7	8		4				2
			4			3	2	7
9	8				2			1
		2		6	7		5	

					1		4	9
6		5		2	3		8	
	8	1			6	5		
5	7		1			2		
3			7		8			4
		9			4		1	5
		6	8			3	7	
	4		6	9		8		2
7	2		3					

95

★★

9	1			5			3	4
					2	6		
	8	5	3	7			9	
7	2	1	9					3
8								5
3					7	9	1	6
	4			1	6	3	2	
		7	5					
1	6			8			4	7

★★

	8		7			9	2	
			1	5		4		
2	4	7						6
8				1	4	3		5
		6	9		3	7		
4		9	5	2				1
6						1	3	7
		4		6	8			
	9	5			1		8	

97

★★

	8		1	9		4		2
	2	5				1		
	7		2		5		9	
				6	2	3		5
4			7		3			9
3		8	4	1				
	9		3		4		8	
		7				5	6	
2		1		8	6		3	

8		2			9			
		6		1	5		7	4
	7				4	6	9	
7		9			2		8	
2			3		6			5
	1		9			3		7
	5	3	6				4	
1	6		4	8		2		
			5			1		3

★ ★

	6	1		9		3	8	
5					2			
		8	1	7		4		9
	1		8			2	7	3
	9						4	
8	5	3			7		1	
1		2		3	5	6		
			9					7
	7	6		4		5	3	

	2		1		8	4		
		1		9				7
	6		4		5	2	9	
	8				7	3		4
	9			5			1	
1		6	2				5	
	1	3	5		4		7	
2				6		8		
		7	3		9		2	

	9		5	7		1	8	
	2	8		6				3
					2	7	6	4
5				9	1			
2		1				4		9
			3	4				5
6	5	7	8					
1				3		6	9	
	3	4		1	7		2	

★ ★

5		6	7				9	
7			1	4		8		
	8				2	1	3	
4	9	8	3	7				
		2				5		
				9	6	4	8	3
	4	9	5				1	
		5		6	1			2
	7				3	9		6

			7			5	3	8
	6			2	4	1		
5		7			8			6
	1	5		9				4
4			2		1			3
9				5		6	8	
2			9			8		7
		3	6	1			9	
6	4	9			5			

★ ★

8	7		5	6				2
		9			3		1	7
					1	8		
5	3		7				6	1
		4		5		2		
1	2				8		9	5
		7	6					
3	8		4			6		
6				2	9		7	4

★ ★

	5	3		8		9	4	
9			4		7			2
	4			3			7	
	6	4	3		1	8	2	
3			2		8			4
	7	2	5		4	3	1	
	8			2			6	
6			7		3			5
	3	5		1		2	9	

★ ★

		2		5				7
	4		3		9	1	8	
	7		1		6	4		
	3		7			5		8
	8			3			6	
9		1			4		2	
		9	8		2		7	
	6	7	9		3		5	
4				6		8		

	1		8	2	7			
	2			5		7	1	3
	9		1		3			
1			5		9	8		
	3	9				6	4	
		8	6		4			5
			4		2		5	
4	8	7		9			2	
			7	6	1		8	

★ ★

9	2		1	5			7	
	3	7		9		8	1	
					6			4
3	6	5	7			1		
		2				9		
		1			5	4	3	7
5			9					
	4	3		2		5	8	
	8			3	4		6	1

★ ★ ★

				2				
		8	9		4	5		
1			8		3			9
5		4	3		7	9		1
	8			6			2	
7		3	1		2	4		5
3			7		6			4
		7	2		9	6		
				3				

	9	2				8	1	
3	1						7	6
			6		3			
		8	2		1	4		
			7		6			
		3	5		4	9		
			8		9			
9	2						8	5
	5	7				3	9	

★ ★ ★

		7	4	6	8	9		
	9	6	1		2	8	7	
6		5	8		1	3		7
9								8
2		8	7		9	5		4
	3	9	2		7	4	5	
		2	6	8	4	7		

★ ★ ★

3								2
	9		8		3		6	
		7	2		1	4		
5	2		1		6		3	4
4	8		5		9		1	7
		6	9		2	1		
	7		3		5		4	
9								8

★ ★ ★

			2					8
		4	8		6			
				3			5	2
					4	6		9
1				8				3
8		9	7					
3	8			1				
			5		8	7		
2					7			

★ ★ ★

		6	4		8	2		
5			3		7			1
	9						4	
3	5		6		2		7	8
6	1		7		4		5	9
	8						3	
2			9		3			4
		5	8		6	1		

★★★

		1	2		8	4		
3								2
	2		6		3		9	
5	6		3		7		1	4
4	7		9		5		6	3
	8		4		1		5	
9								8
		5	7		2	6		

★ ★ ★

		9				8		
	6		1		8		4	
3			9		5			2
8		7	2		1	4		9
5		4	3		7	6		1
6			7		9			4
	2		8		3		1	
		3				5		

★ ★ ★

3			6		4			2
		5		9		8		
	6		2		5		7	
	9	4				1	6	
8								4
	7	2				9	8	
	1		9		3		5	
		8		5		6		
6			7		8			1

★ ★ ★

3				7				6
		8	5		1	2		
	5		3		4		1	
2		4				6		5
	8						4	
1		9				8		7
	1		7		6		8	
		3	4		2	5		
5				1				9

			5		8	3		6
				7			1	
					9	8		7
3		7	2		4	5		1
	1						6	
6		4	8		1	7		9
2		6	9					
	5			2				
1		9	7		5			

★ ★ ★

1			7		3			4
		4		8		9		
	7						3	
	1	8	6		9	3	2	
			8		1			
	6	9	3		5	1	7	
	2						8	
		1		6		5		
5			9		7			2

★ ★ ★

8		1				3		2
7			8		2			5
	9						7	
		6		1		2		
3			6		7			8
		2		9		4		
	1						2	
4			2		6			1
6		3				5		4

★ ★ ★

4		6		2		7		5
9			4		1			8
8	6						9	7
	1	9				4	5	
7	4						3	2
3			8		6			4
1		8		7		2		3

		2				5		1
4			3	5				
		9	2			8		6
			1					7
6	7						2	8
9					2			
5		6			1	7		
				2	5			3
3		7				2		

★ ★ ★

		5	7		8	3		
	6			3			9	
9			4		1			2
8	9						1	4
		4				5		
5	7						3	6
1			9		3			5
	8			7			2	
		3	2		4	9		

★ ★ ★

7								3
		6		9		4		
	4		8		2		7	
9		2	4		5	6		8
			6		3			
6		3	2		9	5		7
	6		5		8		1	
		1		3		2		
8								5

126

			1		2			
6	1						2	8
9		4				3		6
		1	7		5	9		
			2		8			
		3	6		4	7		
5		8				1		9
4	9						5	3
			9		3			

★★★

2			4		1			8
4	1			3			2	7
	5						1	
			3		4			
	6						4	
			5		2			
	7						6	
9	4			2			8	5
8			6		7			3

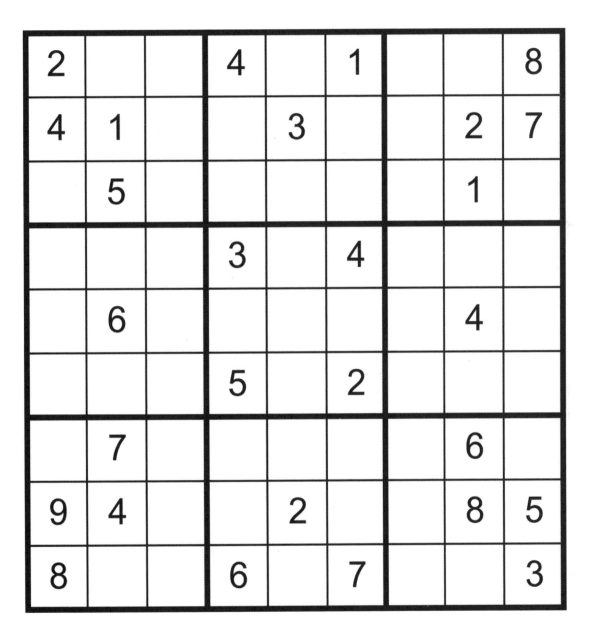

★★★

8								9
2		4		6		5		8
		1	8		5	2		
			5		6			
5								3
			2		9			
		6	4		3	1		
1		9		2		7		5
3								4

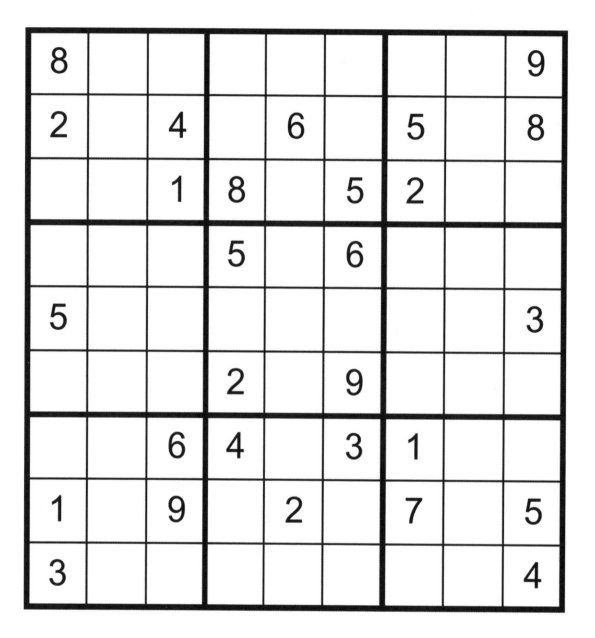

129 ★★★

9			5		7			8
				4				
		5	8		2	1		
7		9	1		4	3		2
	4			6			8	
5		1	2		3	9		7
		7	3		6	2		
				2				
6			4		5			3

★ ★ ★

7				6		2		
	9						3	1
1		8			3		5	
	2	5	4					
					6	1	4	
	8		5			4		9
2	3						1	
		4		8				7

★ ★ ★

	4						1	
1			7		8			3
		5	9		1	2		
	2		4	1	7		6	
9								8
	7		6	8	9		2	
		8	2		5	6		
4			1		6			7
	5						3	

★ ★ ★

				6			5	1
			4					8
		4	5		2			
					4	9		5
1				5				6
9		7	3					
			7		5	3		
5					8			
8	2			1				

★ ★ ★

7							4	
		5	2					
				8			3	6
4			5			7		
5	3			6			8	1
		9			1			3
2	4			3				
					9	1		
	6							8

★★★

6			9		2			7
	2	9				1	5	
7								3
	3			8			4	
5			1		3			8
	7			5			1	
1								4
	8	3				9	6	
4			6		9			2

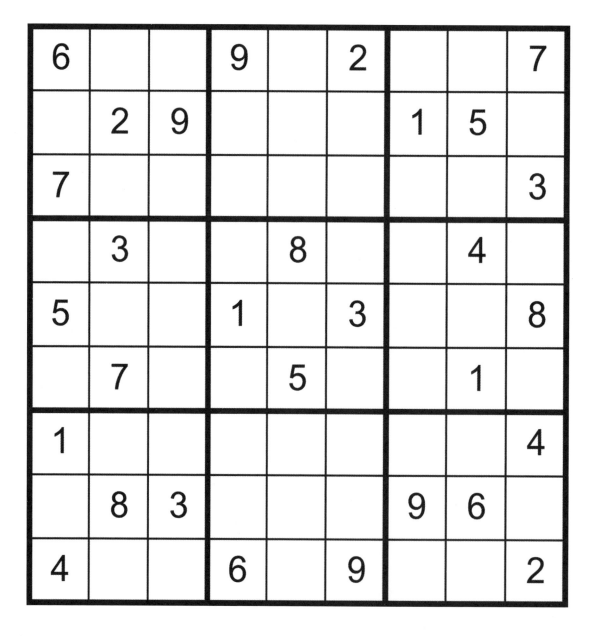

★ ★ ★

	4						2	
7			1		2			4
1		9				5		7
		1		4		2		
9			8		1			6
		2		3		7		
6		4				9		2
8			2		6			5
	3						8	

136 ★★★

7				9				
	9	5	7		8			
	6	3	2		5			
	3	8	4		7		2	
5								1
	2		1		3	8	5	
			5		4	9	8	
			6		9	1	7	
				7				2

★ ★ ★

	1						7	
6		4				3		9
	7		3		9		5	
		6		4		7		
	2		1		6		4	
		8		2		1		
	3		9		5		8	
9		5				2		1
	8						6	

★ ★ ★

	9		3		7		5	
3								8
5	6			4			7	3
			7		4			
7								1
			5		8			
9	8			5			2	7
1								6
	4		6		1		9	

★ ★ ★

5			8		3			4
		1	4		6	8		
				5				
7		5	1		8	4		2
	2			9			8	
3		8	2		4	9		7
				2				
		7	6		1	3		
6			3		7			9

★ ★ ★

		3	9		7	1		
		7				8		
5	6			2			9	4
4				6				8
			2		3			
8				7				1
1	5			3			7	9
		8				6		
		4	6		5	2		

3				1	5			
		6				1		8
		9			6	4		7
9			6					
7	2						6	4
					8			2
1		7	8			2		
5		2				6		
			1	6				5

★ ★ ★

	3				7			
			5		3	4		
9	7			2				
	6	5	4					
	2			3			1	
					8	6	3	
				1			2	3
		8	3		9			
			8				7	

★ ★ ★

			5	6	7			
4		6	1		8	5		7
		7				1		
6		9	4		3	7		5
2								6
5		3	7		6	9		2
		4				8		
7		2	6		1	4		9
			9	4	2			

★ ★ ★

	8			2			7	
		6	4		3	2		
7			1		8			6
	9	1				8	4	
8								5
	5	4				7	6	
3			7		5			9
		7	9		2	1		
	2			4			8	

7	8			2				
6	5							
		2			3	9		
8		1			9			
2				8				7
			4			5		1
		4	5			7		
							5	8
				7			3	6

★ ★ ★

	8		4		2		1	
		6	5		3	7		
7				8				9
3		5				2		7
	1						5	
8		9				1		4
6				4				2
		1	7		8	3		
	7		6		5		8	

★ ★ ★

5				6				
	1	4	5		7			
	8	6			1			
	9	8	4		3	1	7	
4								8
	7	2	9		6	4	5	
			1			7	3	
			3		5	8	2	
				7				4

★ ★ ★

		1	7		3	4		
3	7						8	6
		4				2		
	2			9			5	
		8	2		6	9		
	4			8			6	
		6				5		
2	9						1	3
		5	3		1	7		

★ ★ ★

5			6	8		4	9	
	6	3				2	8	
				3				
2	4				3			
3								2
			4				3	5
				6				
	9	6				3	7	
	2	5		9	7			1

				1		6		
			9		5		2	7
			6		4		5	1
9			8		6		4	2
		3				5		
5	4		3		2			9
6	3		7		1			
4	1		5		8			
		9		6				

★ ★ ★

				3		2	7	
					7		8	
6			5		8			
1	8				9			
	4			8			3	
			6				1	5
			8		2			9
	7		9					
	3	8		4				

★ ★ ★

		9	2	6	3	1		
	8	7	9		1	3	5	
9		6	1		7	5		3
7								6
2		5	6		4	8		1
	7	2	4		9	6	1	
		1	3	2	6	7		

★ ★ ★

2		3				9		8
			9		2			
9	1						7	3
	9		4		3		1	
			6		7			
	4		5		8		2	
5	2						8	9
			1		6			
7		6				1		5

154

★★★

9		4	5		6	2		1
5			7	8	1			6
2	7		8		3		6	4
	9						8	
8	5		6		9		1	2
6			1	7	8			9
7		9	3		5	6		8

★ ★ ★

					2	4		
				7		2	5	
3			6		4			
9		4			1			
		8		4		7		
			3			9		6
			4		5			1
	4	7		8				
		2	1					

2		9				8		5
	7						1	
	6		2		9		7	
7				5				8
	5		1		8		3	
1				3				4
	4		9		6		2	
	8						4	
3		1				9		6

	7		9		2		5	
2								4
5	8			3			9	2
			3		9			
9								1
			4		5			
7	4			5			6	9
1								8
	3		1		8		7	

			4			9		8
			1		6	4		2
				8			6	
4		1	3		2	7		9
	9						2	
2		6	8		7	1		5
	2			1				
9		5	6		3			
1		3			4			

★ ★ ★

	7		5		6		1	
4			9		3			5
		5				2		
		8	3	5	2	7		
9								6
		7	6	9	8	3		
		4				1		
3			8		5			2
	8		1		7		9	

★ ★ ★

	1		9		2		8	
		9				4		
3			8		5			7
		2	7	5	3	8		
6								1
		7	6	1	8	2		
5			1		7			4
		3				5		
	9		5		6		2	

★ ★ ★

1			2		7			5
	4		1		3		8	
		9				1		
		8	7	1	9	6		
3								2
		7	3	2	6	8		
		4				5		
	2		4		8		6	
9			6		1			7

162

★★★

		7	1		9	5		
9			6		4			1
	4			3			8	
	1	2				7	3	
7								6
	5	6				8	9	
	9			1			2	
1			8		3			7
		4	5		6	9		

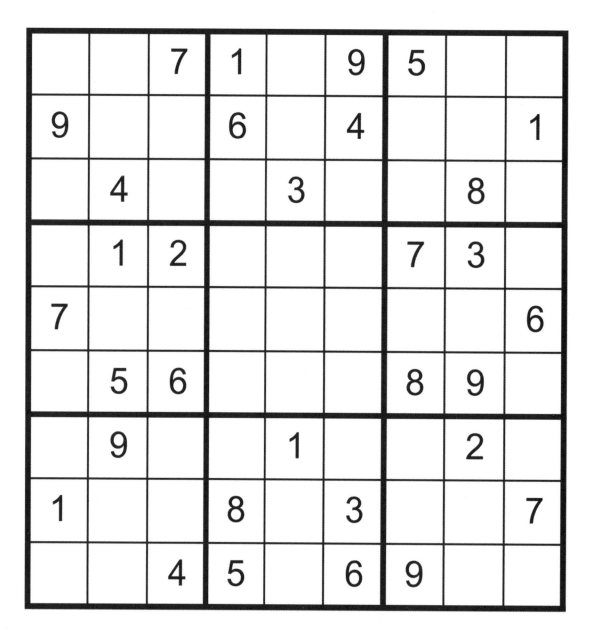

★ ★ ★

3								1
	1		8		2		5	
		5		4		9		
8		9	5		6	2		4
			9		3			
1		6	2		4	3		9
		2		3		7		
	7		6		8		9	
6								8

★ ★ ★

7			2		4			1
	1		5		6		8	
		9				7		
5		2	9		1	3		8
8		1	3		5	2		4
		3				6		
	4		6		7		2	
6			8		3			9

★★★

165

	7						8	
3			8		5			4
8		4		1		6		5
		1		2		8		
			6		9			
		8		7		2		
1		7		3		5		2
6			2		8			3
	9						6	

★ ★ ★

		6	7		2	4		
9		7		6		1		5
	4						8	
7				5				2
			4		8			
2				7				1
	2						5	
4		9		1		2		3
		3	2		9	6		

★ ★ ★

	3						4	
	1		3		6		2	
5		9		7		8		6
		8		5		4		
			1		7			
		4		3		2		
9		2		1		6		3
	8		9		5		7	
	4						5	

★ ★ ★

		1	7	5	8	9		
	9	8	6		3	5	1	
9		2	8		6	4		5
8								1
7		4	9		1	8		3
	4	7	3		9	1	2	
		9	5	8	7	3		

★ ★ ★

	6				1			
5	1			9				
			3		6	4		
					2	8	6	
	9			6			7	
	8	3	4					
		2	6		5			
				7			9	6
			2				1	

★ ★ ★

	2					5		
9			7					
				8		1	3	
	5		9					2
	9	1		3		8	4	
6					4		1	
	7	5		1				
					6			4
		3					8	

★ ★ ★

				6		4		
			8		1		9	2
					7		1	6
2	3		1		4		6	7
		4				2		
9	6		5		3		8	4
5	2		7					
4	7		6		8			
		8		5				

★ ★ ★

6	3		8		9		7	1
8			6	4	2			9
3		6	1		8	9		4
		4				1		
7		8	5		4	2		3
1			4	2	6			8
4	8		9		5		1	2

★ ★ ★

7			2		5			3
		4				8		
5		3				9		6
	5		6	8	2		7	
	3		1	9	4		8	
4		1				6		5
		5				7		
9			3		7			1

★ ★ ★

4			6					
	1						5	
	9			8	4		2	
	4	1		7				
	2	6	9		5	1	7	
				6		5	3	
	3		4	9			8	
	6						9	
					8			7

★ ★ ★

8				7				1
	5						4	
		9	5		4	8		
1	3		4		2		5	9
			7		9			
7	9		3		1		6	4
		2	1		5	6		
	6						7	
9				3				2

★ ★ ★

					2		1	
9		3		7	4			
4								
	8				6	3	4	
7				4				9
	4	6	1				5	
								8
			2	9		4		3
	6		5					

★ ★ ★

7								3
			5	3	9			
3	9		4		6		1	5
1	2		8		3		6	9
	6						5	
9	5		6		1		2	8
2	1		7		4		3	6
			1	6	2			
4								1

★ ★ ★

						5	2	
				1		9	8	
7			3					1
2		6			4			
		9		8		1		
			7			8		6
9					2			4
	3	5		9				
	2	8						

179

★★★

				6		2		
			3		5		7	9
			1				6	3
6	9		8		4		2	5
		2				7		
8	7		2		3		1	6
7	4				1			
1	2		5		6			
		5		4				

★ ★ ★

	7						9	
2			9		4			6
9		6		5		1		4
		9		7		8		
			1		3			
		5		8		9		
5		7		2		4		8
1			8		9			2
	3						1	

	1	2				4	3	
7								8
5			2		1			7
		7		4		3		
4			8		3			9
		8		9		6		
6			1		5			2
3								6
	8	9				5	1	

182 ★★★

					3	9		
8	1			2	5			
	5							
7		5	9			6		
	2			5			1	
		4			7	5		8
							4	
			3	1			8	5
		7	6					

	7				5			1
		4					6	8
1		9			4	3		
5					7			
	1						2	
			2					9
		8	7			9		5
3	6					8		
7			8				4	

						5		
3	9			8	5		6	2
				9	6			
5				2		9		
2			9		4			1
		1		7				5
			7	6				
1	2		3	4			7	8
		4						

185 ★★★

5	9							4
2	6		4					8
			3	5			1	
	7		9					
	2	4				7	6	
					4		8	
	3			4	5			
7					9		5	6
4							3	7

★ ★ ★

1	4			5			8	7
6		3				2		1
		5	9		8	1		
2								9
		4	1		2	7		
8		9				3		4
3	5			1			7	2

★★★

	2	6	5		1	7	9	
		1	8	3	6	5		
6		2	1		7	3		5
3								7
1		9	3		4	2		8
		7	6	8	3	1		
	1	3	4		5	8	7	

★ ★ ★

	8						4	
9		7		2		3		1
	6		3		8		5	
4				8				5
			2		6			
1				7				4
	1		7		9		2	
5		9		6		8		3
	4						7	

★ ★ ★

		6		1		2	4	7
		8			7			
		2	5	3				
	2							5
	3	7				9	1	
8							2	
				6	2	5		
			9			1		
9	4	5		8		6		

★ ★ ★

				1		7		
					3		1	6
			7		2		8	3
2	3		8		5		6	9
		6				8		
7	8		9		1		4	2
4	6		5		7			
5	2		3					
		8		2				

★ ★ ★

	4				3			
8						5		
				1		2		6
1					4		3	
4		8		5		1		7
	9		7					2
5		1		8				
		2						9
			6				7	

★ ★ ★

	7		5				8	
6		4	2	7				
1		5						
					8		1	
7				4				3
	5		9					
						5		4
				3	4	6		7
	9				2		3	

★ ★ ★

	8	6	2		4	9	5	
			6	8	5			
	7						8	
	6	5	9		2	1	3	
		2				5		
	9	1	8		3	2	6	
	4						9	
			1	2	9			
	1	9	4		7	8	2	

★ ★ ★

	3						6	
5		8				1		7
7			5		6			3
		5		3		6		
8			2		5			4
		6		9		7		
2			6		4			1
4		3				8		6
	9						2	

★ ★ ★

			2		1		7	5
				7		8		
			3		6		9	1
9	4		6		7		8	
		3				5		
	8		5		4		3	9
4	2		8		3			
		7		1				
3	1		7		9			

★★★

			4			9		
				1		4	6	
2			9		3			
5		9	8					
		7		9		1		
					2	5		3
			6		9			8
	9	1		7				
		4			8			

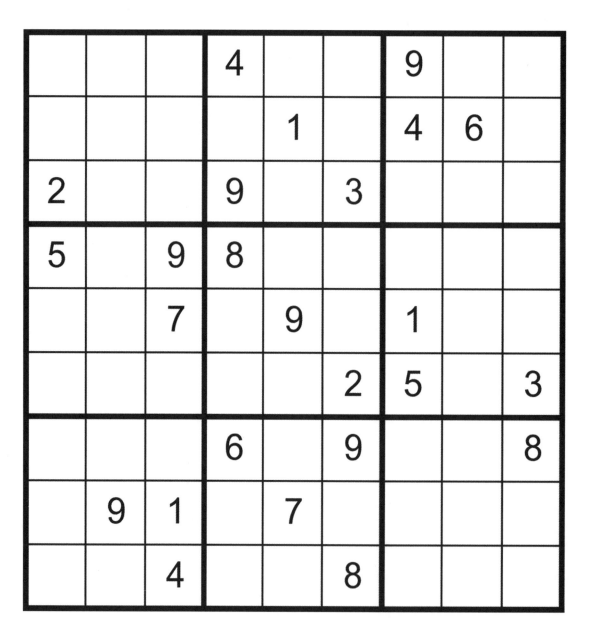

★ ★ ★

		3		1		2	9	4
		6		8	4			
		5	9					
	5							3
2		9				7		8
4							1	
					3	1		
			4	7		6		
3	7	2		5		4		

★ ★ ★

	3			1	8		9	
			7			8		
	5						4	
				2			8	4
4	2		9		5		3	7
5	6			7				
	9						7	
		2			1			
	1		8	9			6	

★ ★ ★

		4				7		
8	5			2			9	6
	7		3		9		2	
3				8				9
			4		7			
5				9				3
	2		6		3		1	
1	3			5			6	7
		8				3		

200

★★★

	5	4				2		
6				1			9	
		8			4		5	3
			7			6		8
5		7			1			
7	2		8			3		
	9			3				7
		5				4	6	

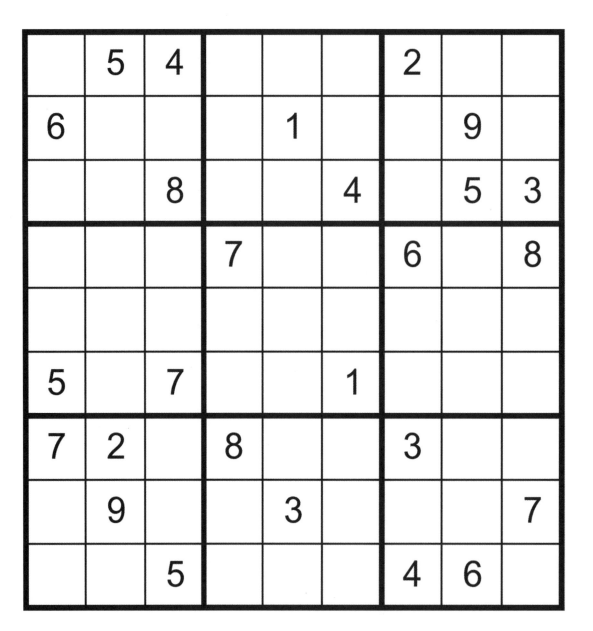

★ ★ ★

	9						1	
	2	1				7	3	
		3	5		9	6		
9			2	4	8			1
4			3	6	7			5
		5	8		1	9		
	6	2				1	5	
	4						7	

202

★★★

8			1	6				
9					5			
2				3		4	5	8
		8					1	
5		6				3		7
	9					8		
1	7	4		9				2
			7					3
				2	8			1

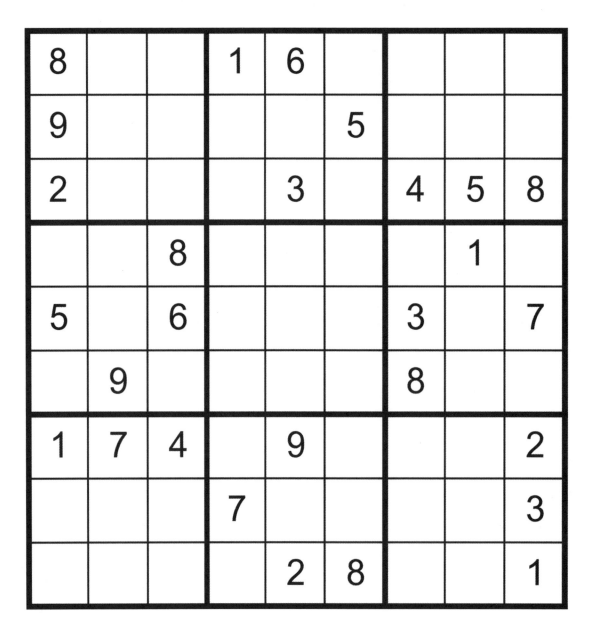

203 ★★★

			1	9				
							3	
6		9	3	5		1		4
3				4			9	
4			8		9			7
	7			2				3
7		4		8	6	2		5
	8							
				1	2			

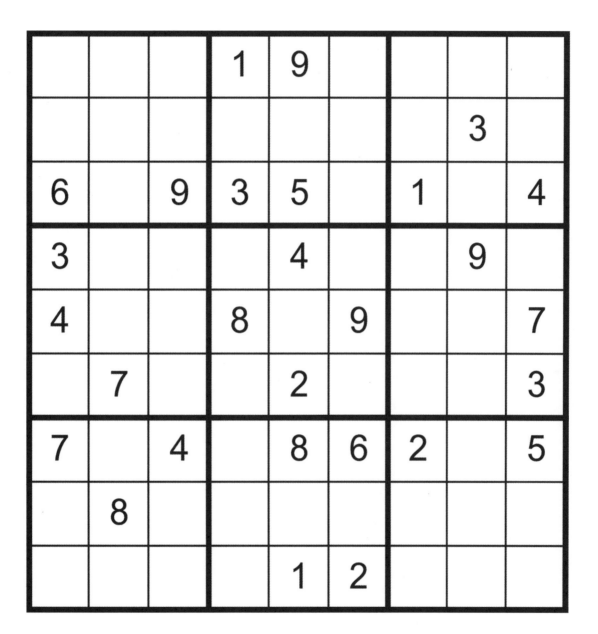

★ ★ ★

	5						8	
6	1						2	5
3			8		9			1
		5	4	7	2	8		
		9	6	3	1	7		
8			5		4			9
5	9						3	2
	6						7	

★ ★ ★

2		8				3		7
		4				9		
3			1		7			6
	4		5	8	9		3	
	6		2	4	1		7	
5			3		6			8
		6				7		
7		2				5		9

★★★

	7		4		1		6	
	1	2				5	7	
6								4
		1		6		4		
	2		1		9		3	
		4		8		7		
8								9
	3	6				2	4	
	9		3		4		5	

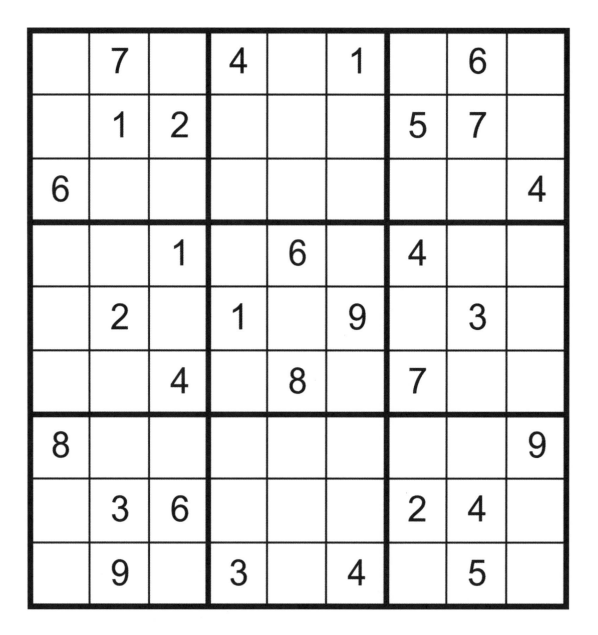

207

★★★

9								7
8			9		3			6
	1	5		2		3	4	
	4			5			7	
			8		2			
	7			9			6	
	6	1		8		9	3	
4			1		5			2
7								5

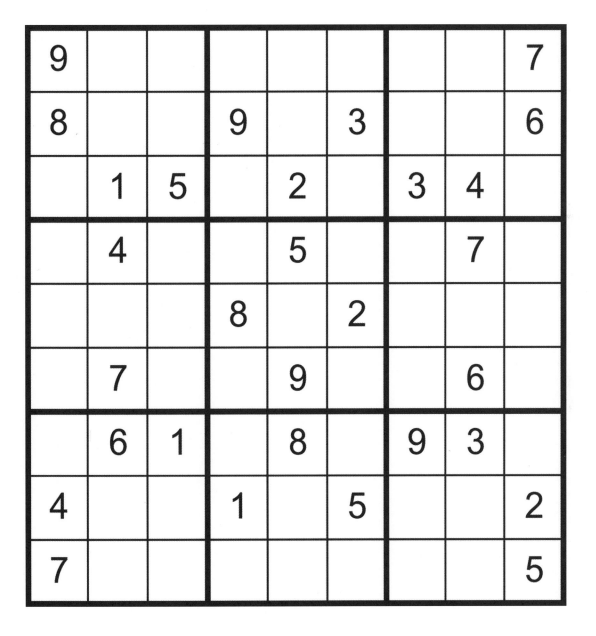

208

★★★

			4	2		1	7	
							4	
8			9					
4		1	6					3
	7			4			2	
5					8	6		4
					5			6
	3							
	1	4		7	9			

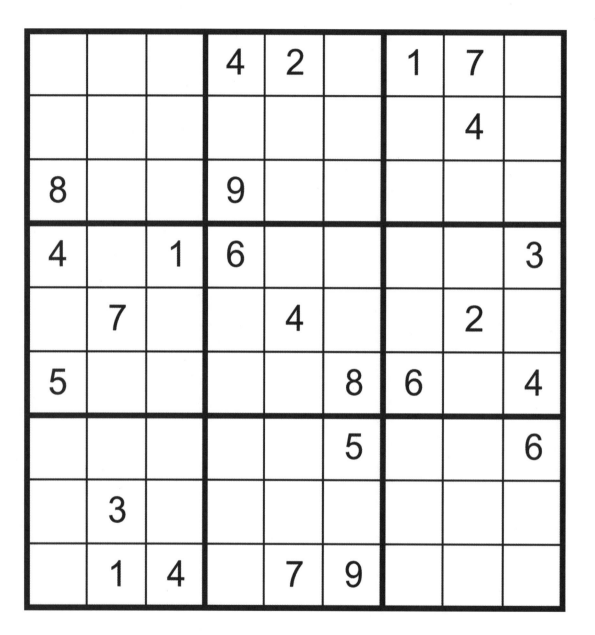

7	9			6			3	
	5							1
					3	4		
		1	9		4			
	6			7			9	
			2		6	8		
		2	8					
6							7	
	8			9			5	3

★★★★

						6	8	1
			8		7	5		
			2	6			7	
	3			9	6			
4								8
			1	7			9	
	4			5	2			
		6	3		4			
2	7	1						

★★★★

6			4					
		4		7		1	8	
	9					5		
			6		9			4
		9		5		7		
2			7		3			
		1					2	
	5	7		9		8		
					8			3

★ ★ ★ ★

		2	8					
		7	6				2	
4	9				5			7
				9	8		7	1
1	3		2	6				
6			5				8	9
	8				1	7		
					6	1		

★ ★ ★ ★

6	2							
			4		5	2		
8		7						3
				9			1	
		3	6		2	5		
	9			1				
5						7		6
		2	1		8			
							9	8

★★★★

	9				6	3		8
	4		2					6
		3			5	1		
5		6						
	2						9	
						8		7
		9	5			4		
2					3		6	
4		1	9				3	

215

★★★★

	4				7			1
	2		1			8		6
		8	3			9		
						6		5
	7						2	
3		1						
		2			3	4		
4		9			2		8	
7			8				1	

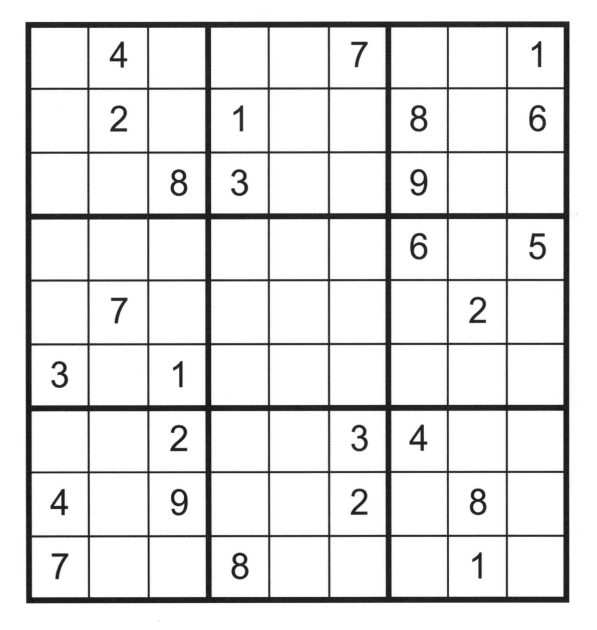

★ ★ ★ ★

7				8		2		3
		9						7
	6				5			
	7		6		1			
1				2				8
			8		4		5	
			9				4	
2						1		
8		3		1				5

★ ★ ★ ★

	8				1		9	5
2				3		7		
					5			8
5		6	8					
	9						4	
					7	9		3
6			2					
		8		4				9
7	4		1				3	

★ ★ ★ ★

						8		5
		7			3		9	
	2				6		4	
2		6	7				1	
			9		2			
	1				5	2		7
	9		6				8	
	7		8			5		
6		8						

★★★★

1		7	8		6		2	
			5	2			9	
		5				6		
5	8				4			
		9				4		
			9				6	3
		8				7		
	1			8	5			
	4		1		3	9		5

★ ★ ★ ★

				9	3			6
						8	9	1
			6		1		7	
				6	8			2
		5				1		
4			9	2				
	9		5		4			
6	8	3						
5			3	7				

★★★★

6			3		4			
		8				7		5
						4	1	
				1			3	
9			7		6			8
	1			3				
	6	7						
5		4				9		
			2		8			6

★ ★ ★ ★

3					7		2	4
					9	5	6	
	4	6		5				
9	7					3		
		5					4	9
				4		7	3	
	8	7	1					
2	3		8					6

★ ★ ★ ★

			8			9	5	
							4		6
				5		3		
7	3				4			8
	6		1		9		2	
9			6				3	5
		4		7				
2		6						
	9	7			1			

★ ★ ★ ★

		3			8	2		
	7	2			6			5
	6		4					1
						6	8	
5								4
	9	7						
6					2		4	
2			5			3	1	
		1	8			5		

★★★★

	3			2				
	6	2	8					
4	9							
8					9	3		5
		7	1		6	4		
2		3	4					6
							4	7
					1	6	5	
				5			9	

★ ★ ★ ★

	8		6					
	6	5	4			8		
7				9			2	
5	9		7					
		1				5		
					8		6	3
	5			1				8
		9			4	1	7	
					2		3	

★ ★ ★ ★

	4		1					
3	8			7				6
			6			8	2	
	9		8			4	5	
		5				2		
	1	4			7		6	
	7	9			5			
5				8			3	4
					4		9	

★ ★ ★ ★

		4		1		9		6
3						5		
	8				4			
	2		7		1			
		3		5		1		
			3		8		4	
			6				7	
		9						2
5		1		3		6		

229

★★★★

				4	9	5		
2	7		1		3	4		
9								1
					5	1	8	
5								6
	9	3	6					
3								2
		6	8		7		9	5
		7	9	3				

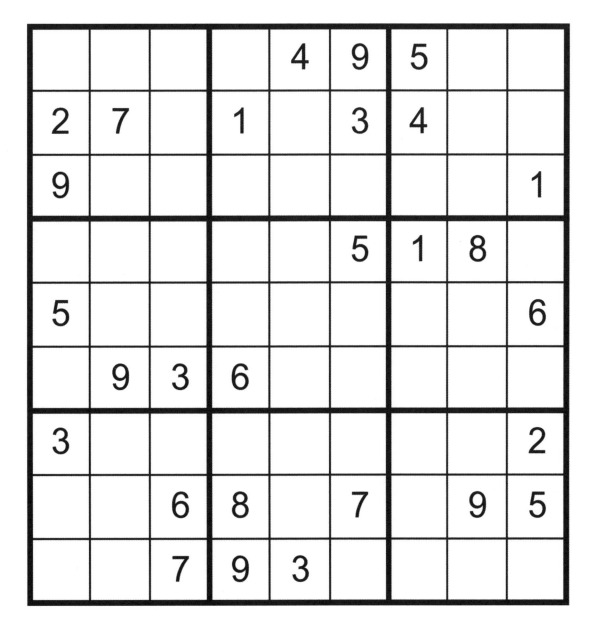

★ ★ ★ ★

3		8		2				7
9						1		
			7				4	
			2		6		5	
2				9				1
	7		4		1			
	6				8			
		5						3
8				1		9		2

231

				1		4		
			2			8		1
						7	9	
4	5				7		2	
9			6		8			3
	8		9				1	4
	3	9						
8		5			6			
		7		5				

232

★★★★

	6			5			9	
	8	7			3			1
9					7			
			8			3	2	
6								4
	2	1			9			
			5					8
5			4			9	3	
	4			6			5	

★ ★ ★ ★

		3	4					1
	9	5			3			7
	6				8		9	
	5	2						
7								4
						8	3	
	1		8				7	
9			7			1	6	
3					9	4		

★ ★ ★ ★

	8				5		2	
						5		8
7					8		1	
	6				1	3		5
			3		2			
3		1	7				6	
	2		9					1
8		7						
	4		5				3	

★ ★ ★ ★

	6	8			2			
							2	
	5		7	8				
		3		2				4
		1	5		8	2		
7				9		3		
				1	9		6	
	1							
			6			4	5	

			1					2
		2		5			6	
	9						7	4
		7		2		9		
			8		1			
		8		4		3		
7	4						5	
	6			9		2		
1					8			

★ ★ ★ ★

	2				7			8
8		6	5			1		
	7				1			
2		7		6	8			
			4	1		7		9
			8				4	
		2			5	3		6
4			1				2	

★ ★ ★ ★

2								1
	9		8		7	6		4
	8			2	6			
			4			7	3	
4								9
	2	6			9			
			6	5			4	
1		8	2		3		5	
6								3

239

★★★★

			6	8				5
					4	8		2
4								
		3		1			6	
		4	5		8	7		
	9			4		3		
								7
5		9	2					
2				7	1			

★ ★ ★ ★

	2				1			7
	9				3		1	
1		3						
	6		7			2		8
			8		9			
3		8			2		6	
						7		1
	8		3				4	
2			5				9	

★ ★ ★ ★

					3			
		3	2	5				
	6	8						5
		6		8			1	
	7		4		5		9	
	4			9		5		
7						6	8	
				7	2	9		
			1					

242

★★★★

				6		7		
			4			6		2
						5	8	
	1		7				6	9
8			2		4			5
9	3				5		2	
	5	7						
3		2			1			
		9		3				

243

★★★★

					7			9
2	4				5			
		5		1		8		4
3	9				4			6
	2						3	
5			1				9	7
8		9		4		3		
			3				6	1
6			9					

★ ★ ★ ★

8	2				7			
								7
1			5	2				
	3			7		4		
	6		1		2		7	
		5		9			3	
				6	9			8
6								
			8				4	1

★ ★ ★ ★

				5	7			6
8								
			8			5		3
		2		1			7	
		8	5		6	4		
	9			8		2		
6		9			3			
								4
3			1	4				

★ ★ ★ ★

		2						6
	5		3					
6				4		1		8
	6		7		5			
7				1				4
			9		4		3	
4		8		7				3
					2		9	
1						7		

★ ★ ★ ★

					3			
							8	
	5			4	6			
8		7				1		
		4		2		6		
		9				5		3
			8	1			9	
	6							
			7					

248

★★★★

8		4			5			
9	2				8		6	
				7		4		9
		3					1	7
4	1					9		
7		6		3				
	9		4				7	2
			1			3		6

★ ★ ★ ★

2			6				8	
		8			7	9		5
			4				2	
8		1		5	4			
			2	6		1		3
	1				6			
4		5	7			6		
	8				1			4

★ ★ ★ ★

	2				8	7		
	9		7			5		1
1			6					3
						4		5
	8						9	
7		6						
9					6			2
3		2			9		1	
		8	1				7	

251

★★★★

		5	1			2		
7			5			3		
							1	5
8	3				7	6		
			2		8			
		6	3				8	1
5	7							
		2			4			3
		9			1	8		

252

★★★★

9					5		7	
	5				6		2	
						6		5
4		7	9				3	
			4		2			
	3				7	4		6
5		9						
	8		6				4	
	2		1					7

253

★★★★

					1	5		2
8								
			7	8				1
		4		9			5	
		8	6		2	9		
	3			7		4		
2				6	3			
								9
1		6	9					

254

★★★★

					9			
		4						8
			5	2	3			
9	3							
6				1				2
							7	4
			8	4	6			
5						9		
			7					

★ ★ ★ ★

	8	5			6			7
	2		7					9
		6			3	8		
						4	1	
2								6
	3	9						
		7	3			5		
8					2		9	
6			9			7	4	

★ ★ ★ ★

6	1		5					8
	5	3	4					
				9		3	1	
		2					9	7
7	3					1		
	9	8		2				
					7	2	8	
1					3		6	9

257 ★★★★

9	5			4				
		3	1			5	2	
			7				9	4
4						7	5	
	1	7						3
1	8				6			
	3	2			8	9		
				5			3	1

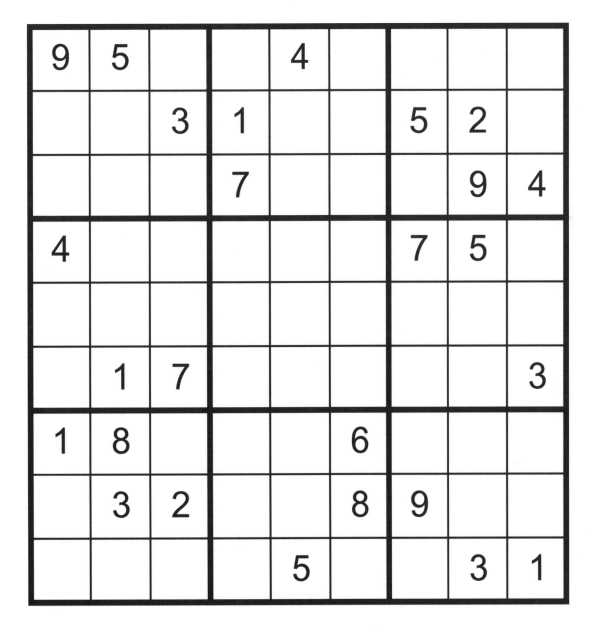

★ ★ ★ ★

		3	1	2				
2		9			5			
						5		
	1			8				7
4			3		2			5
7				5			6	
		4						
			9			3		6
				4	8	9		

★ ★ ★ ★ ★

			2	5				4
						3	7	2
			8			5		
		3	1					8
	9		7		4		3	
6					5	2		
		1			2			
3	7	4						
8				6	9			

★ ★ ★ ★ ★

				6			1	
					3	4	6	
			7				3	8
			2	1		7		3
5								4
9		3		8	4			
7	6				5			
	8	2	6					
	1			9				

★★★★★

7				3	8			
8	9	5						
	3				4			
	8		3					2
		9	7		5	1		
4					6		9	
			8				6	
						5	7	9
			1	2				4

262

★★★★★

4				5		3		
		6						
							1	9
	9	5			8			
		2				4		
			1			6	3	
9	8							
						7		
		7		6				2

★★★★★

								4
	8		6					
4	6			7		2		5
	4				8			
9				2				7
			1				6	
7		5		9			4	6
					3		1	
2								

★★★★★

			5			3		
			6	3				4
						1	8	6
		1	7					5
	2		8		4		1	
9					3	6		
1	8	4						
5				9	2			
		7			6			

★ ★ ★ ★ ★

	4	5		8				
	1			3				8
					7	4		6
			3					9
	8			1			2	
7					6			
3		8	5					
1				6			4	
				2		1	8	

266

★★★★★

				2		7		
	5	7	3		8			
								6
							5	
7				6				1
	4							
9								
			4		5	3	8	
		2		1				

★ ★ ★ ★ ★

		9						
					4			8
	3	5		6				
1			6		2			
		6		9		5		
			8		5			7
				5		3	9	
2			7					
						1		

268 ★★★★★

		1						2
				1			7	6
	7	3			9			
		2	3					
4	8			7			3	1
					8	9		
			5			8	1	
1	6			4				
7						6		

★★★★★

		1						2
	4			9	5	7		
					2			6
			8					
		5				4		
					6			
8			3					
		3	4	1			7	
2						9		

★ ★ ★ ★ ★

6	3		8		2			
						5		
				9				7
	8							
		9		1		4		
							2	
4				7				
		1						
			3		6		8	4

★★★★★

4						7		
3	7			1				
					8	6	3	
			6			5		
1	6			4			9	3
		2			9			
	4	9	5					
				3			4	7
		3						2

★ ★ ★ ★ ★

				4				8
	3							2
7			1					
	9						7	
		5		2		3		
	4						1	
					3			9
1							6	
8				5				

★★★★★

					7		9	3
	4							
	2	9		1			7	
			8					5
	1			4			6	
7					3			
	9			6		4	1	
							2	
8	7		9					

★ ★ ★ ★ ★

		9		1			4	
7				4				1
		4			7			5
	7		9				2	
			7		8			
	3				5		6	
9			1			5		
3				9				2
	6			5		4		

★★★★★

				8	2	5		
6	7			4				
	9							
		1			3			
	4	6		9		2	7	
			5			8		
							1	
				7			6	9
		3	8	1				

★★★★★

4	2	6		5				
7								
					9		2	
	3				1			
5				7				4
			2				8	
	1		8					
								3
				4		7	1	6

★★★★★

						6		
		4		2			1	
3	7							
					8	2		7
		1				9		
4		6	3					
							7	8
	9			6		5		
		5						

★★★★★

		4						
1					3			2
	5	6		1				
			2					7
5		1		4		6		3
9					8			
				6		5	4	
8			7					6
						9		

1

6	5	7	1	8	4	3	9	2
4	2	3	9	7	5	6	1	8
8	1	9	6	3	2	5	4	7
7	6	4	2	5	3	9	8	1
5	3	1	7	9	8	4	2	6
2	9	8	4	6	1	7	3	5
3	7	6	8	2	9	1	5	4
1	8	5	3	4	6	2	7	9
9	4	2	5	1	7	8	6	3

2

5	2	6	8	9	4	7	1	3
1	4	7	6	2	3	9	5	8
8	9	3	7	5	1	6	2	4
9	8	4	2	1	6	5	3	7
7	3	5	9	4	8	1	6	2
2	6	1	3	7	5	4	8	9
4	1	2	5	8	9	3	7	6
3	7	9	1	6	2	8	4	5
6	5	8	4	3	7	2	9	1

3

6	7	1	2	4	9	5	8	3
2	4	9	5	8	3	6	1	7
8	5	3	7	6	1	9	2	4
3	9	2	6	5	8	4	7	1
4	1	8	9	2	7	3	5	6
7	6	5	3	1	4	2	9	8
5	3	7	8	9	6	1	4	2
9	8	4	1	3	2	7	6	5
1	2	6	4	7	5	8	3	9

4

3	4	8	2	1	5	6	7	9
2	7	9	6	4	3	5	1	8
5	6	1	8	7	9	3	2	4
8	3	7	4	9	2	1	5	6
4	9	5	1	3	6	2	8	7
1	2	6	5	8	7	4	9	3
9	5	3	7	2	4	8	6	1
6	1	4	9	5	8	7	3	2
7	8	2	3	6	1	9	4	5

5

5	4	6	8	1	7	3	2	9
1	7	2	6	3	9	5	8	4
9	3	8	5	4	2	7	6	1
4	6	5	1	9	3	8	7	2
3	8	7	4	2	6	9	1	5
2	9	1	7	5	8	6	4	3
6	1	3	2	7	5	4	9	8
8	2	9	3	6	4	1	5	7
7	5	4	9	8	1	2	3	6

6

6	1	7	9	4	8	5	3	2
9	3	8	7	2	5	6	4	1
2	4	5	6	1	3	7	8	9
5	8	9	2	6	4	3	1	7
3	2	6	8	7	1	4	9	5
1	7	4	5	3	9	8	2	6
7	9	2	4	8	6	1	5	3
4	5	3	1	9	7	2	6	8
8	6	1	3	5	2	9	7	4

7

4	6	7	3	9	2	8	1	5
1	5	2	8	4	6	9	3	7
9	8	3	7	1	5	4	6	2
6	1	5	4	2	3	7	8	9
2	7	9	6	8	1	3	5	4
3	4	8	9	5	7	6	2	1
7	2	6	5	3	4	1	9	8
5	9	4	1	6	8	2	7	3
8	3	1	2	7	9	5	4	6

8

4	5	8	7	1	3	9	2	6
2	1	3	9	6	4	5	8	7
7	6	9	5	2	8	3	4	1
8	2	1	3	9	5	6	7	4
5	3	4	6	8	7	1	9	2
9	7	6	2	4	1	8	5	3
3	8	5	1	7	2	4	6	9
6	4	7	8	3	9	2	1	5
1	9	2	4	5	6	7	3	8

9

6	4	2	7	1	9	3	8	5
3	8	1	5	4	2	9	6	7
9	7	5	3	6	8	2	1	4
2	9	4	1	3	6	7	5	8
5	1	6	2	8	7	4	9	3
8	3	7	4	9	5	1	2	6
7	2	3	6	5	1	8	4	9
4	6	9	8	2	3	5	7	1
1	5	8	9	7	4	6	3	2

10

1	6	4	5	9	7	8	3	2
5	3	2	1	8	6	9	7	4
9	7	8	4	3	2	1	5	6
2	4	9	7	5	3	6	8	1
3	1	6	2	4	8	7	9	5
8	5	7	6	1	9	2	4	3
7	8	1	3	2	4	5	6	9
4	9	5	8	6	1	3	2	7
6	2	3	9	7	5	4	1	8

11

2	4	9	6	8	7	5	1	3
7	3	8	5	2	1	9	4	6
5	6	1	9	4	3	8	7	2
8	5	2	7	9	6	1	3	4
1	7	3	4	5	8	6	2	9
6	9	4	3	1	2	7	5	8
4	1	6	8	3	5	2	9	7
3	8	5	2	7	9	4	6	1
9	2	7	1	6	4	3	8	5

12

2	5	3	9	4	7	6	1	8
1	9	8	3	6	2	7	5	4
4	6	7	1	8	5	3	2	9
6	2	5	4	1	3	8	9	7
8	3	1	5	7	9	2	4	6
9	7	4	6	2	8	1	3	5
5	1	2	8	9	6	4	7	3
3	4	6	7	5	1	9	8	2
7	8	9	2	3	4	5	6	1

13

5	7	8	3	6	4	1	9	2
1	4	2	9	8	7	3	6	5
3	6	9	2	1	5	4	7	8
9	8	3	1	4	6	5	2	7
2	5	4	7	3	8	6	1	9
6	1	7	5	2	9	8	3	4
7	9	1	8	5	3	2	4	6
8	2	6	4	7	1	9	5	3
4	3	5	6	9	2	7	8	1

14

9	6	2	4	8	7	5	3	1
8	5	3	9	6	1	7	2	4
7	1	4	5	3	2	6	9	8
4	7	9	6	1	8	3	5	2
1	3	5	7	2	9	8	4	6
2	8	6	3	5	4	1	7	9
3	2	1	8	4	5	9	6	7
5	4	7	1	9	6	2	8	3
6	9	8	2	7	3	4	1	5

15

3	2	7	4	9	5	8	1	6
1	4	8	7	3	6	2	5	9
5	6	9	1	2	8	7	4	3
2	1	4	8	5	3	9	6	7
9	8	5	6	7	4	1	3	2
6	7	3	9	1	2	5	8	4
8	3	2	5	4	7	6	9	1
7	9	6	3	8	1	4	2	5
4	5	1	2	6	9	3	7	8

16

4	3	8	1	2	6	5	9	7
7	1	2	9	5	8	4	3	6
9	5	6	7	3	4	2	8	1
3	8	4	2	6	5	7	1	9
2	6	9	8	7	1	3	5	4
5	7	1	3	4	9	6	2	8
8	2	5	4	9	7	1	6	3
1	4	3	6	8	2	9	7	5
6	9	7	5	1	3	8	4	2

17

6	9	4	1	5	2	7	3	8
7	5	8	4	3	9	6	1	2
3	1	2	6	8	7	9	5	4
9	4	5	3	6	8	1	2	7
1	2	6	5	7	4	8	9	3
8	7	3	2	9	1	5	4	6
5	3	7	9	4	6	2	8	1
4	6	1	8	2	5	3	7	9
2	8	9	7	1	3	4	6	5

18

7	1	2	4	3	9	8	5	6
8	5	4	7	1	6	2	3	9
6	9	3	8	2	5	4	1	7
2	3	6	5	4	7	1	9	8
9	4	1	3	6	8	5	7	2
5	7	8	2	9	1	3	6	4
3	8	9	1	7	4	6	2	5
4	2	7	6	5	3	9	8	1
1	6	5	9	8	2	7	4	3

19

6	2	1	3	5	8	9	4	7
7	5	8	6	9	4	3	1	2
4	3	9	2	7	1	8	6	5
5	4	6	8	3	9	7	2	1
1	9	2	4	6	7	5	3	8
8	7	3	1	2	5	6	9	4
3	6	5	7	1	2	4	8	9
2	8	7	9	4	6	1	5	3
9	1	4	5	8	3	2	7	6

20

2	7	8	3	9	6	4	5	1
1	4	3	7	2	5	6	8	9
9	5	6	4	1	8	7	3	2
5	6	2	8	4	7	9	1	3
7	9	1	5	3	2	8	4	6
3	8	4	9	6	1	5	2	7
6	2	5	1	8	9	3	7	4
8	3	9	2	7	4	1	6	5
4	1	7	6	5	3	2	9	8

21

7	4	3	8	1	6	2	5	9
5	8	2	9	4	7	6	3	1
1	9	6	5	3	2	7	8	4
8	1	9	3	6	5	4	7	2
3	7	4	2	8	9	5	1	6
2	6	5	4	7	1	3	9	8
6	5	8	7	9	4	1	2	3
9	2	1	6	5	3	8	4	7
4	3	7	1	2	8	9	6	5

22

8	9	3	7	4	2	6	5	1
2	6	1	3	5	9	8	4	7
4	7	5	1	6	8	2	3	9
5	1	8	9	2	7	3	6	4
3	2	6	8	1	4	7	9	5
9	4	7	5	3	6	1	8	2
1	5	9	6	7	3	4	2	8
6	8	4	2	9	1	5	7	3
7	3	2	4	8	5	9	1	6

23

8	4	3	5	2	9	1	7	6
1	6	5	7	8	4	3	2	9
7	2	9	1	3	6	8	4	5
3	7	4	6	1	8	9	5	2
2	1	6	9	5	3	4	8	7
9	5	8	4	7	2	6	3	1
5	8	7	3	6	1	2	9	4
6	9	2	8	4	7	5	1	3
4	3	1	2	9	5	7	6	8

24

2	5	8	4	7	6	3	1	9
4	3	9	8	5	1	7	2	6
6	7	1	3	9	2	8	4	5
8	1	2	6	4	9	5	3	7
3	9	5	7	2	8	4	6	1
7	4	6	1	3	5	9	8	2
1	2	7	9	8	3	6	5	4
5	8	4	2	6	7	1	9	3
9	6	3	5	1	4	2	7	8

25

1	6	4	3	5	8	7	9	2
7	5	9	2	6	1	4	3	8
2	8	3	9	4	7	5	6	1
3	4	7	8	2	9	6	1	5
8	1	5	4	7	6	9	2	3
9	2	6	1	3	5	8	4	7
4	9	8	7	1	2	3	5	6
6	3	1	5	8	4	2	7	9
5	7	2	6	9	3	1	8	4

26

6	2	1	8	3	4	9	5	7
8	7	9	5	6	1	3	4	2
3	4	5	7	2	9	1	8	6
4	3	8	1	7	6	2	9	5
5	9	2	4	8	3	7	6	1
1	6	7	2	9	5	8	3	4
7	8	6	3	4	2	5	1	9
9	5	3	6	1	7	4	2	8
2	1	4	9	5	8	6	7	3

27

6	1	5	8	4	9	7	2	3
9	3	2	7	6	1	4	8	5
7	4	8	2	3	5	9	6	1
2	7	9	3	5	8	6	1	4
5	8	4	1	7	6	3	9	2
3	6	1	9	2	4	8	5	7
1	5	3	6	9	7	2	4	8
8	2	6	4	1	3	5	7	9
4	9	7	5	8	2	1	3	6

28

6	5	4	3	7	9	1	2	8
8	2	3	1	6	5	9	4	7
7	9	1	2	8	4	5	3	6
4	8	7	5	9	3	2	6	1
2	3	9	6	4	1	8	7	5
5	1	6	7	2	8	3	9	4
3	6	8	4	1	2	7	5	9
1	7	2	9	5	6	4	8	3
9	4	5	8	3	7	6	1	2

29

8	4	9	6	7	3	1	5	2
6	7	2	9	5	1	8	4	3
1	5	3	2	4	8	9	7	6
7	3	4	1	8	2	6	9	5
2	6	8	5	3	9	7	1	4
9	1	5	4	6	7	2	3	8
3	8	1	7	2	4	5	6	9
4	9	6	8	1	5	3	2	7
5	2	7	3	9	6	4	8	1

30

5	1	3	6	4	8	2	9	7
2	6	7	9	3	1	8	4	5
9	8	4	5	7	2	6	3	1
1	3	9	8	5	7	4	6	2
6	5	8	3	2	4	7	1	9
4	7	2	1	9	6	5	8	3
3	4	1	2	8	5	9	7	6
8	9	5	7	6	3	1	2	4
7	2	6	4	1	9	3	5	8

31

6	1	4	7	3	8	9	5	2
7	5	8	9	6	2	3	4	1
3	9	2	5	1	4	8	6	7
5	7	1	6	4	9	2	8	3
9	2	6	8	7	3	5	1	4
8	4	3	1	2	5	7	9	6
2	8	7	4	5	6	1	3	9
4	3	9	2	8	1	6	7	5
1	6	5	3	9	7	4	2	8

32

8	6	1	4	3	7	5	2	9
3	9	4	1	2	5	6	8	7
5	2	7	6	8	9	1	4	3
1	4	6	3	7	8	2	9	5
2	8	5	9	1	4	3	7	6
7	3	9	2	5	6	8	1	4
6	1	8	7	9	3	4	5	2
4	7	2	5	6	1	9	3	8
9	5	3	8	4	2	7	6	1

33

7	8	3	2	5	6	4	9	1
1	6	2	9	4	8	3	5	7
4	9	5	7	1	3	8	6	2
3	2	9	5	7	4	1	8	6
8	4	1	6	3	9	7	2	5
6	5	7	8	2	1	9	3	4
2	7	4	3	9	5	6	1	8
5	3	8	1	6	7	2	4	9
9	1	6	4	8	2	5	7	3

34

5	1	4	6	3	2	7	8	9
9	6	3	7	8	4	2	5	1
7	2	8	1	5	9	6	3	4
1	3	2	5	9	6	8	4	7
4	5	7	3	1	8	9	6	2
8	9	6	2	4	7	5	1	3
2	4	5	9	6	1	3	7	8
3	7	1	8	2	5	4	9	6
6	8	9	4	7	3	1	2	5

35

4	7	2	6	1	3	9	8	5
5	1	6	8	9	7	4	3	2
8	9	3	2	4	5	1	6	7
2	3	1	4	5	6	7	9	8
7	8	4	1	2	9	6	5	3
9	6	5	3	7	8	2	4	1
3	4	7	5	6	2	8	1	9
1	2	8	9	3	4	5	7	6
6	5	9	7	8	1	3	2	4

36

4	7	5	1	9	2	8	6	3
1	6	2	5	3	8	7	4	9
3	9	8	4	6	7	5	1	2
6	2	7	8	1	9	4	3	5
5	4	1	6	7	3	2	9	8
8	3	9	2	5	4	1	7	6
9	1	3	7	8	5	6	2	4
7	5	4	9	2	6	3	8	1
2	8	6	3	4	1	9	5	7

37

4	9	7	2	6	8	3	5	1
2	3	5	7	1	4	9	6	8
1	8	6	9	3	5	4	2	7
8	7	2	4	5	3	6	1	9
6	4	1	8	9	7	5	3	2
9	5	3	1	2	6	8	7	4
7	6	8	5	4	1	2	9	3
5	2	4	3	7	9	1	8	6
3	1	9	6	8	2	7	4	5

38

6	3	8	2	1	5	4	7	9
2	5	7	9	8	4	3	6	1
4	1	9	6	7	3	5	2	8
1	9	2	7	5	6	8	4	3
8	7	3	4	9	1	6	5	2
5	4	6	8	3	2	9	1	7
7	2	5	3	4	8	1	9	6
9	8	4	1	6	7	2	3	5
3	6	1	5	2	9	7	8	4

39

2	1	8	3	5	6	4	7	9
5	4	7	2	9	1	3	8	6
9	3	6	8	4	7	1	5	2
1	7	2	5	8	4	9	6	3
6	5	4	9	7	3	8	2	1
3	8	9	1	6	2	5	4	7
4	2	1	6	3	8	7	9	5
8	9	3	7	2	5	6	1	4
7	6	5	4	1	9	2	3	8

40

8	2	4	9	7	5	1	3	6
3	7	5	6	1	8	2	9	4
6	1	9	3	4	2	5	8	7
5	9	3	4	8	6	7	2	1
2	4	7	5	3	1	8	6	9
1	8	6	7	2	9	4	5	3
9	3	1	2	5	4	6	7	8
4	6	2	8	9	7	3	1	5
7	5	8	1	6	3	9	4	2

41

7	6	8	3	2	9	1	4	5
2	4	1	6	8	5	9	3	7
9	3	5	4	1	7	6	2	8
6	8	3	9	4	2	7	5	1
1	9	4	5	7	3	2	8	6
5	2	7	1	6	8	3	9	4
4	5	9	7	3	1	8	6	2
8	7	6	2	9	4	5	1	3
3	1	2	8	5	6	4	7	9

42

4	3	8	2	9	6	7	1	5
2	9	1	5	7	3	6	4	8
6	7	5	8	4	1	2	9	3
9	5	6	1	2	7	3	8	4
8	2	7	3	5	4	9	6	1
3	1	4	9	6	8	5	2	7
1	6	9	4	3	5	8	7	2
7	4	3	6	8	2	1	5	9
5	8	2	7	1	9	4	3	6

43

4	5	8	3	9	2	7	1	6
1	3	7	6	5	8	4	2	9
6	9	2	1	4	7	8	5	3
3	6	4	9	2	5	1	7	8
5	8	1	7	6	3	9	4	2
2	7	9	4	8	1	3	6	5
7	4	5	2	3	9	6	8	1
8	1	3	5	7	6	2	9	4
9	2	6	8	1	4	5	3	7

44

7	9	1	2	8	5	3	6	4
8	4	5	3	1	6	7	2	9
3	2	6	7	4	9	8	5	1
5	7	4	8	2	3	9	1	6
6	3	2	9	7	1	5	4	8
9	1	8	5	6	4	2	7	3
4	8	7	1	3	2	6	9	5
2	6	9	4	5	8	1	3	7
1	5	3	6	9	7	4	8	2

45

9	7	1	3	4	8	6	2	5
4	8	5	9	2	6	1	3	7
3	2	6	7	5	1	8	4	9
6	1	7	4	8	2	5	9	3
8	5	4	1	9	3	7	6	2
2	9	3	5	6	7	4	1	8
7	6	9	8	3	4	2	5	1
5	4	8	2	1	9	3	7	6
1	3	2	6	7	5	9	8	4

46

7	8	9	2	1	6	3	4	5
1	5	6	4	8	3	2	7	9
2	3	4	5	9	7	1	8	6
4	7	5	3	6	1	9	2	8
3	9	8	7	2	4	6	5	1
6	2	1	8	5	9	7	3	4
8	1	2	9	7	5	4	6	3
5	6	3	1	4	2	8	9	7
9	4	7	6	3	8	5	1	2

47

3	7	6	8	1	5	2	9	4
2	9	8	7	6	4	1	3	5
1	4	5	3	9	2	8	7	6
6	2	3	4	5	8	9	1	7
9	1	4	6	2	7	5	8	3
8	5	7	9	3	1	4	6	2
7	6	1	5	4	9	3	2	8
4	8	2	1	7	3	6	5	9
5	3	9	2	8	6	7	4	1

48

4	9	1	5	7	2	8	6	3
6	7	2	1	8	3	5	9	4
5	3	8	4	9	6	7	1	2
9	4	5	3	2	8	6	7	1
3	1	6	7	5	9	4	2	8
8	2	7	6	1	4	9	3	5
1	8	9	2	4	7	3	5	6
2	6	4	9	3	5	1	8	7
7	5	3	8	6	1	2	4	9

49

2	1	3	5	6	7	8	9	4
6	4	8	9	2	1	7	5	3
5	7	9	8	4	3	6	2	1
4	9	1	6	7	2	3	8	5
3	2	7	4	5	8	1	6	9
8	6	5	3	1	9	2	4	7
1	3	4	2	8	5	9	7	6
9	5	2	7	3	6	4	1	8
7	8	6	1	9	4	5	3	2

50

2	5	3	8	7	9	1	4	6
9	6	4	2	1	3	5	7	8
1	8	7	6	5	4	2	3	9
5	7	2	1	6	8	4	9	3
4	9	6	5	3	2	7	8	1
3	1	8	4	9	7	6	2	5
6	2	9	7	8	1	3	5	4
7	3	1	9	4	5	8	6	2
8	4	5	3	2	6	9	1	7

51

2	9	3	5	4	1	6	8	7
4	7	1	6	8	9	2	5	3
8	6	5	7	2	3	1	4	9
6	5	4	8	3	7	9	1	2
9	8	7	1	5	2	3	6	4
1	3	2	4	9	6	5	7	8
7	1	9	3	6	4	8	2	5
5	2	6	9	7	8	4	3	1
3	4	8	2	1	5	7	9	6

52

5	7	6	2	1	4	8	3	9
3	1	2	9	8	7	4	6	5
9	4	8	5	3	6	1	7	2
4	8	7	6	9	3	5	2	1
1	2	3	4	7	5	9	8	6
6	9	5	8	2	1	7	4	3
7	6	9	1	4	2	3	5	8
2	3	1	7	5	8	6	9	4
8	5	4	3	6	9	2	1	7

53

7	4	5	1	8	3	6	2	9
2	6	3	9	4	7	5	1	8
8	1	9	6	5	2	7	4	3
6	7	4	3	2	5	9	8	1
5	9	1	8	6	4	2	3	7
3	2	8	7	1	9	4	5	6
9	8	2	5	7	1	3	6	4
4	3	6	2	9	8	1	7	5
1	5	7	4	3	6	8	9	2

54

4	7	1	8	9	2	5	6	3
8	6	3	1	5	7	4	2	9
2	5	9	4	3	6	8	7	1
6	1	7	2	8	4	9	3	5
3	2	4	5	1	9	6	8	7
5	9	8	7	6	3	2	1	4
9	4	2	6	7	1	3	5	8
7	8	6	3	4	5	1	9	2
1	3	5	9	2	8	7	4	6

55

8	9	7	3	1	6	2	4	5
6	5	1	2	4	7	9	8	3
2	4	3	8	9	5	1	7	6
7	3	9	4	8	2	6	5	1
4	6	8	1	5	9	7	3	2
5	1	2	6	7	3	8	9	4
1	8	6	7	3	4	5	2	9
9	7	4	5	2	1	3	6	8
3	2	5	9	6	8	4	1	7

56

3	2	1	6	7	4	8	5	9
4	8	9	1	5	2	6	3	7
6	5	7	8	3	9	4	2	1
7	6	3	2	8	1	5	9	4
2	1	4	9	6	5	7	8	3
8	9	5	7	4	3	2	1	6
9	4	2	5	1	7	3	6	8
1	7	8	3	2	6	9	4	5
5	3	6	4	9	8	1	7	2

57

2	4	6	1	9	3	8	5	7
7	1	5	2	4	8	3	9	6
9	3	8	6	7	5	2	4	1
6	7	1	3	2	4	9	8	5
4	9	2	5	8	1	7	6	3
8	5	3	9	6	7	4	1	2
1	2	7	4	5	9	6	3	8
5	6	4	8	3	2	1	7	9
3	8	9	7	1	6	5	2	4

58

2	3	4	1	9	8	7	6	5
8	6	5	7	3	4	2	9	1
1	9	7	2	6	5	8	3	4
3	7	1	4	5	2	6	8	9
6	4	9	3	8	7	5	1	2
5	8	2	6	1	9	3	4	7
7	1	3	9	2	6	4	5	8
9	2	8	5	4	3	1	7	6
4	5	6	8	7	1	9	2	3

59

3	5	9	6	2	8	4	7	1
4	6	2	5	1	7	8	3	9
1	8	7	3	9	4	2	5	6
6	3	5	2	8	9	7	1	4
9	7	1	4	5	6	3	2	8
2	4	8	1	7	3	6	9	5
5	9	3	8	4	2	1	6	7
8	1	6	7	3	5	9	4	2
7	2	4	9	6	1	5	8	3

60

4	8	5	1	9	2	6	3	7
9	6	1	7	3	4	2	8	5
7	2	3	6	5	8	4	9	1
2	7	4	8	6	9	1	5	3
3	1	9	5	2	7	8	4	6
8	5	6	4	1	3	7	2	9
1	9	8	3	4	6	5	7	2
6	3	7	2	8	5	9	1	4
5	4	2	9	7	1	3	6	8

61

6	9	4	8	3	7	5	2	1
3	1	2	9	5	6	7	8	4
7	8	5	2	4	1	6	3	9
4	2	9	3	7	5	8	1	6
5	6	1	4	2	8	9	7	3
8	7	3	1	6	9	4	5	2
2	3	6	5	8	4	1	9	7
9	4	8	7	1	3	2	6	5
1	5	7	6	9	2	3	4	8

62

1	9	4	3	5	7	6	2	8
5	2	6	1	9	8	3	7	4
7	3	8	4	6	2	1	9	5
8	6	2	5	3	4	7	1	9
3	4	1	9	7	6	5	8	2
9	5	7	8	2	1	4	3	6
6	8	3	7	4	9	2	5	1
2	1	5	6	8	3	9	4	7
4	7	9	2	1	5	8	6	3

63

9	4	3	7	8	5	1	2	6
6	7	5	3	2	1	8	4	9
8	1	2	6	4	9	7	3	5
3	8	6	9	5	7	4	1	2
2	9	1	8	6	4	3	5	7
7	5	4	2	1	3	6	9	8
4	2	8	1	9	6	5	7	3
1	3	9	5	7	8	2	6	4
5	6	7	4	3	2	9	8	1

64

4	7	8	9	5	2	1	6	3
3	5	1	7	8	6	2	4	9
6	2	9	4	3	1	8	5	7
2	8	5	6	1	7	9	3	4
7	9	4	8	2	3	6	1	5
1	6	3	5	9	4	7	8	2
9	3	6	2	4	8	5	7	1
5	1	7	3	6	9	4	2	8
8	4	2	1	7	5	3	9	6

65

2	6	4	7	1	3	8	5	9
3	5	8	4	6	9	2	1	7
9	1	7	2	5	8	3	6	4
1	2	5	3	7	4	6	9	8
7	8	3	9	2	6	1	4	5
6	4	9	5	8	1	7	2	3
5	3	6	8	9	2	4	7	1
8	9	1	6	4	7	5	3	2
4	7	2	1	3	5	9	8	6

66

4	2	5	3	1	9	6	8	7
8	1	3	6	2	7	5	4	9
6	9	7	4	8	5	1	3	2
7	4	2	8	5	1	9	6	3
3	5	1	7	9	6	8	2	4
9	6	8	2	3	4	7	5	1
1	8	9	5	4	2	3	7	6
5	7	4	1	6	3	2	9	8
2	3	6	9	7	8	4	1	5

67

2	5	3	6	9	8	1	4	7
8	7	9	1	4	5	6	3	2
4	1	6	7	2	3	9	8	5
3	2	5	4	8	1	7	6	9
6	9	8	3	7	2	4	5	1
1	4	7	9	5	6	8	2	3
9	3	1	5	6	4	2	7	8
7	6	2	8	3	9	5	1	4
5	8	4	2	1	7	3	9	6

68

5	2	1	9	6	3	7	8	4
6	8	9	4	7	5	2	3	1
4	7	3	1	8	2	5	9	6
3	9	6	7	2	1	8	4	5
7	4	5	8	3	9	6	1	2
8	1	2	6	5	4	9	7	3
9	6	4	2	1	8	3	5	7
2	3	8	5	4	7	1	6	9
1	5	7	3	9	6	4	2	8

69

5	6	9	3	8	1	2	4	7
4	8	1	7	9	2	3	5	6
2	7	3	4	5	6	1	8	9
8	2	7	5	6	4	9	1	3
6	1	5	9	3	8	7	2	4
3	9	4	1	2	7	5	6	8
1	4	6	2	7	9	8	3	5
7	3	2	8	4	5	6	9	1
9	5	8	6	1	3	4	7	2

70

5	9	8	4	1	2	3	6	7
7	4	6	8	9	3	5	1	2
2	1	3	7	5	6	4	8	9
8	3	7	5	6	9	2	4	1
6	5	1	3	2	4	7	9	8
9	2	4	1	8	7	6	5	3
4	6	9	2	3	8	1	7	5
1	7	2	9	4	5	8	3	6
3	8	5	6	7	1	9	2	4

71

9	4	3	1	2	7	8	6	5
6	1	8	4	5	3	9	7	2
7	2	5	8	6	9	1	3	4
3	6	2	9	7	1	4	5	8
1	5	7	6	4	8	3	2	9
4	8	9	5	3	2	7	1	6
5	3	1	2	8	4	6	9	7
2	9	4	7	1	6	5	8	3
8	7	6	3	9	5	2	4	1

72

7	3	4	6	2	1	9	5	8
5	8	6	7	4	9	3	2	1
1	9	2	5	3	8	6	4	7
4	6	9	1	7	5	8	3	2
2	7	3	4	8	6	5	1	9
8	5	1	3	9	2	7	6	4
9	4	7	2	6	3	1	8	5
3	2	5	8	1	7	4	9	6
6	1	8	9	5	4	2	7	3

73

7	1	3	6	5	2	8	4	9
2	6	9	4	1	8	5	3	7
5	4	8	7	3	9	6	1	2
9	2	1	5	4	3	7	8	6
6	5	4	2	8	7	1	9	3
8	3	7	9	6	1	4	2	5
3	7	6	1	2	4	9	5	8
1	9	2	8	7	5	3	6	4
4	8	5	3	9	6	2	7	1

74

9	1	7	8	2	6	3	4	5
6	3	2	4	7	5	9	1	8
5	8	4	3	9	1	2	7	6
7	5	8	6	4	2	1	9	3
4	2	6	1	3	9	8	5	7
3	9	1	7	5	8	6	2	4
2	4	9	5	8	3	7	6	1
8	6	5	9	1	7	4	3	2
1	7	3	2	6	4	5	8	9

75

2	7	5	8	9	3	1	6	4
3	8	1	6	4	7	5	9	2
6	4	9	5	2	1	8	3	7
9	1	7	3	8	5	4	2	6
5	6	4	2	1	9	3	7	8
8	2	3	7	6	4	9	1	5
4	9	2	1	5	6	7	8	3
7	5	6	9	3	8	2	4	1
1	3	8	4	7	2	6	5	9

76

3	8	7	6	5	1	9	4	2
6	5	2	3	4	9	7	1	8
4	1	9	8	7	2	3	6	5
9	7	5	1	6	3	8	2	4
2	6	1	9	8	4	5	3	7
8	3	4	5	2	7	6	9	1
1	2	8	7	3	6	4	5	9
7	4	6	2	9	5	1	8	3
5	9	3	4	1	8	2	7	6

77

3	6	8	7	9	4	5	1	2
5	2	7	1	8	3	6	9	4
1	4	9	6	5	2	8	3	7
7	5	6	2	1	8	3	4	9
2	9	3	5	4	7	1	8	6
8	1	4	9	3	6	2	7	5
6	8	1	4	7	5	9	2	3
4	3	2	8	6	9	7	5	1
9	7	5	3	2	1	4	6	8

78

6	9	3	8	1	2	7	4	5
4	1	2	5	6	7	3	8	9
8	5	7	4	9	3	6	2	1
2	4	5	7	3	9	1	6	8
3	7	8	6	5	1	2	9	4
1	6	9	2	8	4	5	3	7
9	8	6	3	7	5	4	1	2
5	2	1	9	4	6	8	7	3
7	3	4	1	2	8	9	5	6

79

1	6	3	7	9	8	5	2	4
7	4	8	2	6	5	1	9	3
9	5	2	1	3	4	8	7	6
8	3	5	6	1	7	9	4	2
6	7	9	5	4	2	3	1	8
2	1	4	9	8	3	6	5	7
3	8	7	4	5	9	2	6	1
4	9	6	3	2	1	7	8	5
5	2	1	8	7	6	4	3	9

80

9	5	2	7	1	8	4	6	3
3	4	8	6	9	2	7	5	1
1	7	6	4	3	5	2	8	9
6	8	7	9	2	1	5	3	4
4	9	1	5	6	3	8	7	2
5	2	3	8	7	4	9	1	6
8	6	9	3	4	7	1	2	5
7	1	4	2	5	6	3	9	8
2	3	5	1	8	9	6	4	7

81

9	8	4	2	7	1	6	5	3
6	7	5	3	4	8	1	2	9
2	1	3	9	5	6	7	8	4
7	9	6	1	2	4	5	3	8
3	4	8	5	9	7	2	6	1
1	5	2	8	6	3	4	9	7
8	6	9	4	1	5	3	7	2
4	2	7	6	3	9	8	1	5
5	3	1	7	8	2	9	4	6

82

3	9	5	6	1	4	7	2	8
8	6	1	2	9	7	5	4	3
2	7	4	3	5	8	6	1	9
9	8	3	4	6	1	2	5	7
7	4	2	5	8	9	3	6	1
1	5	6	7	2	3	9	8	4
4	2	7	8	3	6	1	9	5
6	3	9	1	4	5	8	7	2
5	1	8	9	7	2	4	3	6

83

3	6	2	7	5	4	9	1	8
8	9	7	6	3	1	2	4	5
1	4	5	9	2	8	6	7	3
9	2	8	5	4	6	1	3	7
6	5	4	1	7	3	8	2	9
7	3	1	8	9	2	4	5	6
4	7	9	2	8	5	3	6	1
5	1	3	4	6	9	7	8	2
2	8	6	3	1	7	5	9	4

84

3	9	5	4	7	8	6	1	2
8	6	1	2	9	3	4	7	5
7	4	2	6	1	5	8	3	9
2	8	6	5	4	1	3	9	7
4	5	7	3	2	9	1	6	8
1	3	9	7	8	6	5	2	4
9	7	3	8	6	4	2	5	1
5	2	8	1	3	7	9	4	6
6	1	4	9	5	2	7	8	3

85

5	4	2	7	6	8	1	3	9
7	6	3	5	9	1	2	8	4
8	1	9	3	4	2	6	5	7
2	3	5	9	8	7	4	1	6
1	9	4	2	5	6	8	7	3
6	8	7	4	1	3	9	2	5
4	2	8	6	7	5	3	9	1
3	5	6	1	2	9	7	4	8
9	7	1	8	3	4	5	6	2

86

5	3	7	1	9	8	4	2	6
8	1	2	5	4	6	3	9	7
9	4	6	3	2	7	1	8	5
1	6	9	4	5	3	8	7	2
3	7	5	8	1	2	6	4	9
2	8	4	6	7	9	5	3	1
7	5	8	9	6	4	2	1	3
6	2	3	7	8	1	9	5	4
4	9	1	2	3	5	7	6	8

87

9	5	7	2	8	3	1	6	4
8	2	4	6	7	1	9	3	5
1	3	6	5	4	9	8	7	2
3	1	9	7	5	2	6	4	8
2	7	8	4	1	6	5	9	3
6	4	5	9	3	8	2	1	7
4	9	1	8	2	7	3	5	6
5	6	2	3	9	4	7	8	1
7	8	3	1	6	5	4	2	9

88

6	7	9	4	3	1	5	2	8
3	4	2	9	5	8	6	7	1
1	5	8	6	7	2	4	9	3
2	8	5	1	9	3	7	6	4
4	1	3	7	2	6	9	8	5
9	6	7	8	4	5	1	3	2
8	3	6	5	1	9	2	4	7
7	2	1	3	6	4	8	5	9
5	9	4	2	8	7	3	1	6

89

4	1	5	3	8	6	2	9	7
2	3	7	9	1	4	5	6	8
9	8	6	5	7	2	3	4	1
1	9	2	4	5	7	6	8	3
7	6	3	8	2	1	9	5	4
5	4	8	6	3	9	1	7	2
3	7	9	2	4	5	8	1	6
8	5	4	1	6	3	7	2	9
6	2	1	7	9	8	4	3	5

90

3	5	6	4	7	8	2	9	1
4	8	9	2	1	6	7	3	5
7	2	1	5	3	9	4	6	8
1	3	4	8	9	5	6	7	2
8	7	5	6	2	3	1	4	9
6	9	2	7	4	1	5	8	3
2	1	8	3	6	7	9	5	4
9	6	3	1	5	4	8	2	7
5	4	7	9	8	2	3	1	6

91

1	4	8	5	6	3	7	9	2
3	5	9	2	7	1	4	6	8
2	6	7	4	9	8	5	1	3
9	8	4	6	3	2	1	7	5
6	3	5	7	1	4	8	2	9
7	2	1	9	8	5	3	4	6
5	1	6	8	4	9	2	3	7
8	9	3	1	2	7	6	5	4
4	7	2	3	5	6	9	8	1

92

2	5	7	3	8	9	4	6	1
4	9	3	1	2	6	5	7	8
6	1	8	7	5	4	2	9	3
7	4	1	8	9	5	3	2	6
3	8	2	6	4	1	9	5	7
5	6	9	2	7	3	1	8	4
9	3	5	4	6	8	7	1	2
8	2	4	5	1	7	6	3	9
1	7	6	9	3	2	8	4	5

93

2	6	9	3	1	4	7	8	5
7	1	3	8	5	6	2	9	4
8	4	5	2	7	9	1	3	6
3	9	1	7	2	5	6	4	8
5	2	4	6	8	1	9	7	3
6	7	8	9	4	3	5	1	2
1	5	6	4	9	8	3	2	7
9	8	7	5	3	2	4	6	1
4	3	2	1	6	7	8	5	9

94

2	3	7	5	8	1	6	4	9
6	9	5	4	2	3	1	8	7
4	8	1	9	7	6	5	2	3
5	7	4	1	6	9	2	3	8
3	1	2	7	5	8	9	6	4
8	6	9	2	3	4	7	1	5
9	5	6	8	4	2	3	7	1
1	4	3	6	9	7	8	5	2
7	2	8	3	1	5	4	9	6

95

9	1	2	6	5	8	7	3	4
4	7	3	1	9	2	6	5	8
6	8	5	3	7	4	1	9	2
7	2	1	9	6	5	4	8	3
8	9	6	4	3	1	2	7	5
3	5	4	8	2	7	9	1	6
5	4	8	7	1	6	3	2	9
2	3	7	5	4	9	8	6	1
1	6	9	2	8	3	5	4	7

96

5	8	1	7	4	6	9	2	3
9	6	3	1	5	2	4	7	8
2	4	7	8	3	9	5	1	6
8	7	2	6	1	4	3	9	5
1	5	6	9	8	3	7	4	2
4	3	9	5	2	7	8	6	1
6	2	8	4	9	5	1	3	7
7	1	4	3	6	8	2	5	9
3	9	5	2	7	1	6	8	4

97

6	8	3	1	9	7	4	5	2
9	2	5	6	4	8	1	7	3
1	7	4	2	3	5	6	9	8
7	1	9	8	6	2	3	4	5
4	6	2	7	5	3	8	1	9
3	5	8	4	1	9	7	2	6
5	9	6	3	7	4	2	8	1
8	3	7	9	2	1	5	6	4
2	4	1	5	8	6	9	3	7

98

8	4	2	7	6	9	5	3	1
3	9	6	2	1	5	8	7	4
5	7	1	8	3	4	6	9	2
7	3	9	1	5	2	4	8	6
2	8	4	3	7	6	9	1	5
6	1	5	9	4	8	3	2	7
9	5	3	6	2	1	7	4	8
1	6	7	4	8	3	2	5	9
4	2	8	5	9	7	1	6	3

99

7	6	1	5	9	4	3	8	2
5	4	9	3	8	2	7	6	1
3	2	8	1	7	6	4	5	9
6	1	4	8	5	9	2	7	3
2	9	7	6	1	3	8	4	5
8	5	3	4	2	7	9	1	6
1	8	2	7	3	5	6	9	4
4	3	5	9	6	8	1	2	7
9	7	6	2	4	1	5	3	8

100

9	2	5	1	7	8	4	3	6
4	3	1	6	9	2	5	8	7
7	6	8	4	3	5	2	9	1
5	8	2	9	1	7	3	6	4
3	9	4	8	5	6	7	1	2
1	7	6	2	4	3	9	5	8
8	1	3	5	2	4	6	7	9
2	5	9	7	6	1	8	4	3
6	4	7	3	8	9	1	2	5

101

4	9	6	5	7	3	1	8	2
7	2	8	1	6	4	9	5	3
3	1	5	9	8	2	7	6	4
5	4	3	2	9	1	8	7	6
2	6	1	7	5	8	4	3	9
8	7	9	3	4	6	2	1	5
6	5	7	8	2	9	3	4	1
1	8	2	4	3	5	6	9	7
9	3	4	6	1	7	5	2	8

102

5	1	6	7	3	8	2	9	4
7	2	3	1	4	9	8	6	5
9	8	4	6	5	2	1	3	7
4	9	8	3	7	5	6	2	1
3	6	2	8	1	4	5	7	9
1	5	7	2	9	6	4	8	3
6	4	9	5	2	7	3	1	8
8	3	5	9	6	1	7	4	2
2	7	1	4	8	3	9	5	6

103

1	2	4	7	6	9	5	3	8
3	6	8	5	2	4	1	7	9
5	9	7	1	3	8	2	4	6
8	1	5	3	9	6	7	2	4
4	7	6	2	8	1	9	5	3
9	3	2	4	5	7	6	8	1
2	5	1	9	4	3	8	6	7
7	8	3	6	1	2	4	9	5
6	4	9	8	7	5	3	1	2

104

8	7	1	5	6	4	9	3	2
4	6	9	2	8	3	5	1	7
2	5	3	9	7	1	8	4	6
5	3	8	7	9	2	4	6	1
7	9	4	1	5	6	2	8	3
1	2	6	3	4	8	7	9	5
9	4	7	6	3	5	1	2	8
3	8	2	4	1	7	6	5	9
6	1	5	8	2	9	3	7	4

105

7	5	3	6	8	2	9	4	1
9	1	8	4	5	7	6	3	2
2	4	6	1	3	9	5	7	8
5	6	4	3	7	1	8	2	9
3	9	1	2	6	8	7	5	4
8	7	2	5	9	4	3	1	6
1	8	7	9	2	5	4	6	3
6	2	9	7	4	3	1	8	5
4	3	5	8	1	6	2	9	7

106

1	9	2	4	5	8	6	3	7
6	4	5	3	7	9	1	8	2
3	7	8	1	2	6	4	9	5
2	3	6	7	9	1	5	4	8
7	8	4	2	3	5	9	6	1
9	5	1	6	8	4	7	2	3
5	1	9	8	4	2	3	7	6
8	6	7	9	1	3	2	5	4
4	2	3	5	6	7	8	1	9

107

6	1	3	8	2	7	5	9	4
8	2	4	9	5	6	7	1	3
7	9	5	1	4	3	2	6	8
1	4	6	5	3	9	8	7	2
5	3	9	2	7	8	6	4	1
2	7	8	6	1	4	9	3	5
9	6	1	4	8	2	3	5	7
4	8	7	3	9	5	1	2	6
3	5	2	7	6	1	4	8	9

108

9	2	4	1	5	8	6	7	3
6	3	7	4	9	2	8	1	5
1	5	8	3	7	6	2	9	4
3	6	5	7	4	9	1	2	8
4	7	2	8	1	3	9	5	6
8	9	1	2	6	5	4	3	7
5	1	6	9	8	7	3	4	2
7	4	3	6	2	1	5	8	9
2	8	9	5	3	4	7	6	1

109

4	9	5	6	2	1	7	3	8
2	3	8	9	7	4	5	1	6
1	7	6	8	5	3	2	4	9
5	2	4	3	8	7	9	6	1
9	8	1	4	6	5	3	2	7
7	6	3	1	9	2	4	8	5
3	5	2	7	1	6	8	9	4
8	1	7	2	4	9	6	5	3
6	4	9	5	3	8	1	7	2

110

6	9	2	4	7	5	8	1	3
3	1	4	9	2	8	5	7	6
7	8	5	6	1	3	2	4	9
5	6	8	2	9	1	4	3	7
2	4	9	7	3	6	1	5	8
1	7	3	5	8	4	9	6	2
4	3	6	8	5	9	7	2	1
9	2	1	3	4	7	6	8	5
8	5	7	1	6	2	3	9	4

111

3	2	7	4	6	8	9	1	5
4	9	6	1	5	2	8	7	3
5	8	1	9	7	3	6	4	2
6	4	5	8	2	1	3	9	7
9	7	3	5	4	6	1	2	8
2	1	8	7	3	9	5	6	4
7	6	4	3	9	5	2	8	1
8	3	9	2	1	7	4	5	6
1	5	2	6	8	4	7	3	9

112

3	1	8	7	6	4	5	9	2
2	9	4	8	5	3	7	6	1
6	5	7	2	9	1	4	8	3
5	2	9	1	7	6	8	3	4
7	6	1	4	3	8	2	5	9
4	8	3	5	2	9	6	1	7
8	3	6	9	4	2	1	7	5
1	7	2	3	8	5	9	4	6
9	4	5	6	1	7	3	2	8

113

9	1	3	2	7	5	4	6	8
5	2	4	8	9	6	3	1	7
6	7	8	4	3	1	9	5	2
7	3	2	1	5	4	6	8	9
1	4	6	9	8	2	5	7	3
8	5	9	7	6	3	1	2	4
3	8	7	6	1	9	2	4	5
4	9	1	5	2	8	7	3	6
2	6	5	3	4	7	8	9	1

114

1	7	6	4	5	8	2	9	3
5	2	4	3	9	7	8	6	1
8	9	3	2	6	1	7	4	5
3	5	9	6	1	2	4	7	8
7	4	8	5	3	9	6	1	2
6	1	2	7	8	4	3	5	9
4	8	7	1	2	5	9	3	6
2	6	1	9	7	3	5	8	4
9	3	5	8	4	6	1	2	7

115

7	9	1	2	5	8	4	3	6
3	5	6	1	4	9	7	8	2
8	2	4	6	7	3	5	9	1
5	6	9	3	2	7	8	1	4
2	1	3	8	6	4	9	7	5
4	7	8	9	1	5	2	6	3
6	8	2	4	9	1	3	5	7
9	4	7	5	3	6	1	2	8
1	3	5	7	8	2	6	4	9

116

1	5	9	4	2	6	8	7	3
7	6	2	1	3	8	9	4	5
3	4	8	9	7	5	1	6	2
8	3	7	2	6	1	4	5	9
2	1	6	5	9	4	3	8	7
5	9	4	3	8	7	6	2	1
6	8	1	7	5	9	2	3	4
9	2	5	8	4	3	7	1	6
4	7	3	6	1	2	5	9	8

117

3	8	9	6	7	4	5	1	2
7	2	5	3	9	1	8	4	6
4	6	1	2	8	5	3	7	9
5	9	4	8	2	7	1	6	3
8	3	6	5	1	9	7	2	4
1	7	2	4	3	6	9	8	5
2	1	7	9	6	3	4	5	8
9	4	8	1	5	2	6	3	7
6	5	3	7	4	8	2	9	1

118

3	2	1	9	7	8	4	5	6
4	9	8	5	6	1	2	7	3
6	5	7	3	2	4	9	1	8
2	3	4	1	8	7	6	9	5
7	8	5	6	3	9	1	4	2
1	6	9	2	4	5	8	3	7
9	1	2	7	5	6	3	8	4
8	7	3	4	9	2	5	6	1
5	4	6	8	1	3	7	2	9

119

7	4	2	5	1	8	3	9	6
9	8	3	6	7	2	4	1	5
5	6	1	4	3	9	8	2	7
3	9	7	2	6	4	5	8	1
8	1	5	3	9	7	2	6	4
6	2	4	8	5	1	7	3	9
2	7	6	9	4	3	1	5	8
4	5	8	1	2	6	9	7	3
1	3	9	7	8	5	6	4	2

120

1	9	2	7	5	3	8	6	4
6	3	4	1	8	2	9	5	7
8	7	5	4	9	6	2	3	1
4	1	8	6	7	9	3	2	5
3	5	7	8	2	1	6	4	9
2	6	9	3	4	5	1	7	8
9	2	3	5	1	4	7	8	6
7	4	1	2	6	8	5	9	3
5	8	6	9	3	7	4	1	2

121

8	6	1	7	5	9	3	4	2
7	3	4	8	6	2	9	1	5
2	9	5	1	4	3	8	7	6
5	7	6	4	1	8	2	3	9
3	4	9	6	2	7	1	5	8
1	8	2	3	9	5	4	6	7
9	1	7	5	8	4	6	2	3
4	5	8	2	3	6	7	9	1
6	2	3	9	7	1	5	8	4

122

5	2	1	6	8	7	3	4	9
4	8	6	9	2	3	7	1	5
9	3	7	4	5	1	6	2	8
8	6	3	2	4	5	1	9	7
2	1	9	7	3	8	4	5	6
7	4	5	1	6	9	8	3	2
3	5	2	8	1	6	9	7	4
1	9	8	5	7	4	2	6	3
6	7	4	3	9	2	5	8	1

123

8	3	2	9	6	7	5	4	1
4	6	1	3	5	8	9	7	2
7	5	9	2	1	4	8	3	6
2	8	5	1	4	6	3	9	7
6	7	4	5	9	3	1	2	8
9	1	3	8	7	2	6	5	4
5	2	6	4	3	1	7	8	9
1	9	8	7	2	5	4	6	3
3	4	7	6	8	9	2	1	5

124

2	4	5	7	9	8	3	6	1
7	6	1	5	3	2	4	9	8
9	3	8	4	6	1	7	5	2
8	9	6	3	5	7	2	1	4
3	1	4	8	2	6	5	7	9
5	7	2	1	4	9	8	3	6
1	2	7	9	8	3	6	4	5
4	8	9	6	7	5	1	2	3
6	5	3	2	1	4	9	8	7

125

7	2	5	1	6	4	8	9	3
1	8	6	3	9	7	4	5	2
3	4	9	8	5	2	1	7	6
9	7	2	4	1	5	6	3	8
4	5	8	6	7	3	9	2	1
6	1	3	2	8	9	5	4	7
2	6	7	5	4	8	3	1	9
5	9	1	7	3	6	2	8	4
8	3	4	9	2	1	7	6	5

126

3	8	5	1	6	2	4	9	7
6	1	7	3	4	9	5	2	8
9	2	4	5	8	7	3	1	6
8	6	1	7	3	5	9	4	2
7	4	9	2	1	8	6	3	5
2	5	3	6	9	4	7	8	1
5	3	8	4	2	6	1	7	9
4	9	6	8	7	1	2	5	3
1	7	2	9	5	3	8	6	4

127

2	9	7	4	5	1	6	3	8
4	1	8	9	3	6	5	2	7
6	5	3	2	7	8	9	1	4
7	8	9	3	1	4	2	5	6
5	6	2	7	8	9	3	4	1
1	3	4	5	6	2	8	7	9
3	7	1	8	9	5	4	6	2
9	4	6	1	2	3	7	8	5
8	2	5	6	4	7	1	9	3

128

8	7	5	1	4	2	3	6	9
2	9	4	3	6	7	5	1	8
6	3	1	8	9	5	2	4	7
9	2	3	5	8	6	4	7	1
5	6	8	7	1	4	9	2	3
4	1	7	2	3	9	8	5	6
7	8	6	4	5	3	1	9	2
1	4	9	6	2	8	7	3	5
3	5	2	9	7	1	6	8	4

129

9	1	6	5	3	7	4	2	8
3	2	8	6	4	1	7	5	9
4	7	5	8	9	2	1	3	6
7	8	9	1	5	4	3	6	2
2	4	3	7	6	9	5	8	1
5	6	1	2	8	3	9	4	7
8	5	7	3	1	6	2	9	4
1	3	4	9	2	8	6	7	5
6	9	2	4	7	5	8	1	3

130

7	4	3	1	6	5	2	9	8
5	9	2	8	7	4	6	3	1
1	6	8	9	2	3	7	5	4
3	2	5	4	1	8	9	7	6
4	1	6	7	9	2	5	8	3
8	7	9	3	5	6	1	4	2
6	8	1	5	3	7	4	2	9
2	3	7	6	4	9	8	1	5
9	5	4	2	8	1	3	6	7

131

2	4	7	5	6	3	8	1	9
1	9	6	7	2	8	4	5	3
3	8	5	9	4	1	2	7	6
8	2	3	4	1	7	9	6	5
9	6	1	3	5	2	7	4	8
5	7	4	6	8	9	3	2	1
7	1	8	2	3	5	6	9	4
4	3	2	1	9	6	5	8	7
6	5	9	8	7	4	1	3	2

132

2	3	8	9	6	7	4	5	1
6	9	5	4	3	1	2	7	8
7	1	4	5	8	2	6	9	3
3	8	6	1	7	4	9	2	5
1	4	2	8	5	9	7	3	6
9	5	7	3	2	6	8	1	4
4	6	1	7	9	5	3	8	2
5	7	3	2	4	8	1	6	9
8	2	9	6	1	3	5	4	7

133

7	8	6	3	1	5	2	4	9
3	9	5	2	4	6	8	1	7
1	2	4	9	8	7	5	3	6
4	1	8	5	9	3	7	6	2
5	3	2	7	6	4	9	8	1
6	7	9	8	2	1	4	5	3
2	4	7	1	3	8	6	9	5
8	5	3	6	7	9	1	2	4
9	6	1	4	5	2	3	7	8

134

6	1	5	9	3	2	4	8	7
3	2	9	8	7	4	1	5	6
7	4	8	5	6	1	2	9	3
9	3	1	2	8	7	6	4	5
5	6	4	1	9	3	7	2	8
8	7	2	4	5	6	3	1	9
1	9	6	3	2	8	5	7	4
2	8	3	7	4	5	9	6	1
4	5	7	6	1	9	8	3	2

135

3	4	8	7	6	5	1	2	9
7	5	6	1	9	2	8	3	4
1	2	9	4	8	3	5	6	7
5	8	1	6	4	7	2	9	3
9	7	3	8	2	1	4	5	6
4	6	2	5	3	9	7	1	8
6	1	4	3	5	8	9	7	2
8	9	7	2	1	6	3	4	5
2	3	5	9	7	4	6	8	1

136

7	8	1	3	9	6	2	4	5
2	9	5	7	4	8	3	1	6
4	6	3	2	1	5	7	9	8
1	3	8	4	5	7	6	2	9
5	7	6	9	8	2	4	3	1
9	2	4	1	6	3	8	5	7
6	1	7	5	2	4	9	8	3
8	5	2	6	3	9	1	7	4
3	4	9	8	7	1	5	6	2

137

3	1	9	6	5	4	8	7	2
6	5	4	8	7	2	3	1	9
8	7	2	3	1	9	6	5	4
1	9	6	5	4	8	7	2	3
7	2	3	1	9	6	5	4	8
5	4	8	7	2	3	1	9	6
2	3	1	9	6	5	4	8	7
9	6	5	4	8	7	2	3	1
4	8	7	2	3	1	9	6	5

138

4	9	1	3	8	7	6	5	2
3	7	2	9	6	5	4	1	8
5	6	8	1	4	2	9	7	3
8	1	5	7	3	4	2	6	9
7	3	4	2	9	6	5	8	1
6	2	9	5	1	8	7	3	4
9	8	6	4	5	3	1	2	7
1	5	7	8	2	9	3	4	6
2	4	3	6	7	1	8	9	5

139

5	6	9	8	1	3	2	7	4
2	3	1	4	7	6	8	9	5
8	7	4	9	5	2	6	3	1
7	9	5	1	3	8	4	6	2
4	2	6	7	9	5	1	8	3
3	1	8	2	6	4	9	5	7
1	8	3	5	2	9	7	4	6
9	5	7	6	4	1	3	2	8
6	4	2	3	8	7	5	1	9

140

2	8	3	9	4	7	1	5	6
9	4	7	1	5	6	8	3	2
5	6	1	3	2	8	7	9	4
4	7	9	5	6	1	3	2	8
6	1	5	2	8	3	9	4	7
8	3	2	4	7	9	5	6	1
1	5	6	8	3	2	4	7	9
3	2	8	7	9	4	6	1	5
7	9	4	6	1	5	2	8	3

141

3	7	8	4	1	5	9	2	6
4	5	6	2	7	9	1	3	8
2	1	9	3	8	6	4	5	7
9	8	5	6	2	4	7	1	3
7	2	3	5	9	1	8	6	4
6	4	1	7	3	8	5	9	2
1	6	7	8	5	3	2	4	9
5	3	2	9	4	7	6	8	1
8	9	4	1	6	2	3	7	5

142

5	3	4	9	8	7	2	6	1
1	8	2	5	6	3	4	9	7
9	7	6	1	2	4	3	5	8
3	6	5	4	9	1	7	8	2
8	2	9	7	3	6	5	1	4
7	4	1	2	5	8	6	3	9
4	9	7	6	1	5	8	2	3
2	5	8	3	7	9	1	4	6
6	1	3	8	4	2	9	7	5

143

1	9	8	5	6	7	2	3	4
4	2	6	1	3	8	5	9	7
3	5	7	2	9	4	1	6	8
6	8	9	4	2	3	7	1	5
2	7	1	8	5	9	3	4	6
5	4	3	7	1	6	9	8	2
9	6	4	3	7	5	8	2	1
7	3	2	6	8	1	4	5	9
8	1	5	9	4	2	6	7	3

144

4	8	5	6	2	9	3	7	1
9	1	6	4	7	3	2	5	8
7	3	2	1	5	8	4	9	6
6	9	1	5	3	7	8	4	2
8	7	3	2	6	4	9	1	5
2	5	4	8	9	1	7	6	3
3	4	8	7	1	5	6	2	9
5	6	7	9	8	2	1	3	4
1	2	9	3	4	6	5	8	7

145

7	8	9	1	2	5	6	4	3
6	5	3	9	4	7	8	1	2
4	1	2	8	6	3	9	7	5
8	3	1	7	5	9	2	6	4
2	4	5	6	8	1	3	9	7
9	7	6	4	3	2	5	8	1
3	6	4	5	1	8	7	2	9
1	2	7	3	9	6	4	5	8
5	9	8	2	7	4	1	3	6

146

9	8	3	4	7	2	6	1	5
1	4	6	5	9	3	7	2	8
7	5	2	1	8	6	4	3	9
3	6	5	8	1	4	2	9	7
4	1	7	2	6	9	8	5	3
8	2	9	3	5	7	1	6	4
6	3	8	9	4	1	5	7	2
5	9	1	7	2	8	3	4	6
2	7	4	6	3	5	9	8	1

147

5	3	9	8	6	4	2	1	7
2	1	4	5	3	7	6	8	9
7	8	6	2	9	1	3	4	5
6	9	8	4	5	3	1	7	2
4	5	3	7	1	2	9	6	8
1	7	2	9	8	6	4	5	3
8	4	5	1	2	9	7	3	6
9	6	7	3	4	5	8	2	1
3	2	1	6	7	8	5	9	4

148

8	6	1	7	2	3	4	9	5
3	7	2	5	4	9	1	8	6
9	5	4	6	1	8	2	3	7
6	2	3	4	9	7	8	5	1
5	1	8	2	3	6	9	7	4
7	4	9	1	8	5	3	6	2
1	3	6	9	7	2	5	4	8
2	9	7	8	5	4	6	1	3
4	8	5	3	6	1	7	2	9

149

5	7	2	6	8	1	4	9	3
1	6	3	5	4	9	2	8	7
9	8	4	7	3	2	1	5	6
2	4	7	9	5	3	6	1	8
3	5	8	1	7	6	9	4	2
6	1	9	4	2	8	7	3	5
7	3	1	8	6	4	5	2	9
8	9	6	2	1	5	3	7	4
4	2	5	3	9	7	8	6	1

150

8	9	5	2	1	7	6	3	4
1	6	4	9	3	5	8	2	7
3	2	7	6	8	4	9	5	1
9	7	1	8	5	6	3	4	2
2	8	3	1	4	9	5	7	6
5	4	6	3	7	2	1	8	9
6	3	8	7	2	1	4	9	5
4	1	2	5	9	8	7	6	3
7	5	9	4	6	3	2	1	8

151

8	5	9	4	3	6	2	7	1
3	1	4	2	9	7	5	8	6
6	2	7	5	1	8	4	9	3
1	8	2	3	5	9	7	6	4
5	4	6	7	8	1	9	3	2
7	9	3	6	2	4	8	1	5
4	6	1	8	7	2	3	5	9
2	7	5	9	6	3	1	4	8
9	3	8	1	4	5	6	2	7

152

4	5	9	2	6	3	1	8	7
6	8	7	9	4	1	3	5	2
1	2	3	8	7	5	9	6	4
9	4	6	1	8	7	5	2	3
7	1	8	5	3	2	4	9	6
2	3	5	6	9	4	8	7	1
5	6	4	7	1	8	2	3	9
3	7	2	4	5	9	6	1	8
8	9	1	3	2	6	7	4	5

153

2	6	3	7	4	1	9	5	8
8	7	5	9	3	2	4	6	1
9	1	4	8	6	5	2	7	3
6	9	8	4	2	3	5	1	7
3	5	2	6	1	7	8	9	4
1	4	7	5	9	8	3	2	6
5	2	1	3	7	4	6	8	9
4	8	9	1	5	6	7	3	2
7	3	6	2	8	9	1	4	5

154

9	8	4	5	3	6	2	7	1
1	6	7	4	9	2	8	3	5
5	3	2	7	8	1	4	9	6
2	7	1	8	5	3	9	6	4
4	9	6	2	1	7	5	8	3
8	5	3	6	4	9	7	1	2
6	4	5	1	7	8	3	2	9
3	2	8	9	6	4	1	5	7
7	1	9	3	2	5	6	4	8

155

7	8	9	5	1	2	4	6	3
4	1	6	8	7	3	2	5	9
3	2	5	6	9	4	1	8	7
9	5	4	7	6	1	3	2	8
6	3	8	2	4	9	7	1	5
2	7	1	3	5	8	9	4	6
8	9	3	4	2	5	6	7	1
1	4	7	9	8	6	5	3	2
5	6	2	1	3	7	8	9	4

156

2	1	9	4	7	3	8	6	5
4	7	3	8	6	5	2	1	9
8	6	5	2	1	9	4	7	3
7	3	2	6	5	4	1	9	8
6	5	4	1	9	8	7	3	2
1	9	8	7	3	2	6	5	4
5	4	7	9	8	6	3	2	1
9	8	6	3	2	1	5	4	7
3	2	1	5	4	7	9	8	6

157

3	7	1	9	4	2	8	5	6
2	9	6	5	8	7	3	1	4
5	8	4	6	3	1	7	9	2
4	1	5	3	2	9	6	8	7
9	2	3	8	7	6	5	4	1
8	6	7	4	1	5	9	2	3
7	4	8	2	5	3	1	6	9
1	5	9	7	6	4	2	3	8
6	3	2	1	9	8	4	7	5

158

3	6	2	4	7	5	9	1	8
8	7	9	1	3	6	4	5	2
5	1	4	2	8	9	3	6	7
4	5	1	3	6	2	7	8	9
7	9	8	5	4	1	6	2	3
2	3	6	8	9	7	1	4	5
6	2	7	9	1	8	5	3	4
9	4	5	6	2	3	8	7	1
1	8	3	7	5	4	2	9	6

159

8	7	3	5	2	6	9	1	4
4	2	1	9	7	3	6	8	5
6	9	5	4	8	1	2	3	7
1	6	8	3	5	2	7	4	9
9	3	2	7	1	4	8	5	6
5	4	7	6	9	8	3	2	1
7	5	4	2	3	9	1	6	8
3	1	9	8	6	5	4	7	2
2	8	6	1	4	7	5	9	3

160

7	1	5	9	4	2	6	8	3
8	6	9	3	7	1	4	5	2
3	2	4	8	6	5	1	9	7
1	4	2	7	5	3	8	6	9
6	5	8	2	9	4	3	7	1
9	3	7	6	1	8	2	4	5
5	8	6	1	2	7	9	3	4
2	7	3	4	8	9	5	1	6
4	9	1	5	3	6	7	2	8

161

1	6	3	2	8	7	4	9	5
5	4	2	1	9	3	7	8	6
8	7	9	5	6	4	1	2	3
2	5	8	7	1	9	6	3	4
3	1	6	8	4	5	9	7	2
4	9	7	3	2	6	8	5	1
6	3	4	9	7	2	5	1	8
7	2	1	4	5	8	3	6	9
9	8	5	6	3	1	2	4	7

162

2	6	7	1	8	9	5	4	3
9	8	3	6	5	4	2	7	1
5	4	1	7	3	2	6	8	9
8	1	2	9	6	5	7	3	4
7	3	9	2	4	8	1	5	6
4	5	6	3	7	1	8	9	2
6	9	8	4	1	7	3	2	5
1	2	5	8	9	3	4	6	7
3	7	4	5	2	6	9	1	8

163

3	4	8	7	9	5	6	2	1
9	1	7	8	6	2	4	5	3
2	6	5	3	4	1	9	8	7
8	3	9	5	7	6	2	1	4
7	2	4	9	1	3	8	6	5
1	5	6	2	8	4	3	7	9
5	8	2	1	3	9	7	4	6
4	7	3	6	5	8	1	9	2
6	9	1	4	2	7	5	3	8

164

7	6	8	2	9	4	5	3	1
3	1	4	5	7	6	9	8	2
2	5	9	1	3	8	7	4	6
5	7	2	9	4	1	3	6	8
4	3	6	7	8	2	1	9	5
8	9	1	3	6	5	2	7	4
1	8	3	4	2	9	6	5	7
9	4	5	6	1	7	8	2	3
6	2	7	8	5	3	4	1	9

165

5	7	6	3	4	2	9	8	1
3	1	9	8	6	5	7	2	4
8	2	4	9	1	7	6	3	5
7	6	1	5	2	3	8	4	9
4	5	2	6	8	9	3	1	7
9	3	8	1	7	4	2	5	6
1	8	7	4	3	6	5	9	2
6	4	5	2	9	8	1	7	3
2	9	3	7	5	1	4	6	8

166

1	5	6	7	8	2	4	3	9
9	8	7	3	6	4	1	2	5
3	4	2	5	9	1	7	8	6
7	9	4	1	5	3	8	6	2
6	1	5	4	2	8	3	9	7
2	3	8	9	7	6	5	4	1
8	2	1	6	3	7	9	5	4
4	6	9	8	1	5	2	7	3
5	7	3	2	4	9	6	1	8

167

8	3	6	5	9	2	7	4	1
4	1	7	3	8	6	5	2	9
5	2	9	4	7	1	8	3	6
3	6	8	2	5	9	4	1	7
2	9	5	1	4	7	3	6	8
1	7	4	6	3	8	2	9	5
9	5	2	7	1	4	6	8	3
6	8	3	9	2	5	1	7	4
7	4	1	8	6	3	9	5	2

168

4	6	1	7	5	8	9	3	2
2	9	8	6	4	3	5	1	7
3	7	5	1	9	2	6	8	4
9	1	2	8	3	6	4	7	5
8	3	6	4	7	5	2	9	1
7	5	4	9	2	1	8	6	3
6	8	3	2	1	4	7	5	9
5	4	7	3	6	9	1	2	8
1	2	9	5	8	7	3	4	6

169

3	6	4	5	2	1	9	8	7
5	1	8	7	9	4	6	3	2
7	2	9	3	8	6	4	5	1
1	4	7	9	3	2	8	6	5
2	9	5	1	6	8	3	7	4
6	8	3	4	5	7	1	2	9
9	3	2	6	1	5	7	4	8
4	5	1	8	7	3	2	9	6
8	7	6	2	4	9	5	1	3

170

3	2	8	1	4	9	5	6	7
9	1	6	7	5	3	4	2	8
5	4	7	6	8	2	1	3	9
8	5	4	9	6	1	3	7	2
7	9	1	2	3	5	8	4	6
6	3	2	8	7	4	9	1	5
2	7	5	4	1	8	6	9	3
1	8	9	3	2	6	7	5	4
4	6	3	5	9	7	2	8	1

171

7	9	1	2	6	5	4	3	8
6	5	3	8	4	1	7	9	2
8	4	2	3	9	7	5	1	6
2	3	5	1	8	4	9	6	7
1	8	4	9	7	6	2	5	3
9	6	7	5	2	3	1	8	4
5	2	6	7	3	9	8	4	1
4	7	9	6	1	8	3	2	5
3	1	8	4	5	2	6	7	9

172

6	3	2	8	5	9	4	7	1
8	7	1	6	4	2	5	3	9
9	4	5	3	1	7	8	2	6
3	2	6	1	7	8	9	5	4
5	9	4	2	6	3	1	8	7
7	1	8	5	9	4	2	6	3
2	6	9	7	8	1	3	4	5
1	5	3	4	2	6	7	9	8
4	8	7	9	3	5	6	1	2

173

7	9	8	2	6	5	4	1	3
2	6	4	9	3	1	8	5	7
5	1	3	7	4	8	9	2	6
1	5	9	6	8	2	3	7	4
8	4	2	5	7	3	1	6	9
6	3	7	1	9	4	5	8	2
4	7	1	8	2	9	6	3	5
3	2	5	4	1	6	7	9	8
9	8	6	3	5	7	2	4	1

174

4	7	3	6	5	2	8	1	9
2	1	8	7	3	9	4	5	6
6	9	5	1	8	4	7	2	3
5	4	1	8	7	3	9	6	2
3	2	6	9	4	5	1	7	8
7	8	9	2	6	1	5	3	4
1	3	7	4	9	6	2	8	5
8	6	4	5	2	7	3	9	1
9	5	2	3	1	8	6	4	7

175

8	4	3	9	7	6	5	2	1
2	5	7	8	1	3	9	4	6
6	1	9	5	2	4	8	3	7
1	3	6	4	8	2	7	5	9
5	2	4	7	6	9	1	8	3
7	9	8	3	5	1	2	6	4
3	7	2	1	4	5	6	9	8
4	6	1	2	9	8	3	7	5
9	8	5	6	3	7	4	1	2

176

6	7	8	3	5	2	9	1	4
9	1	3	6	7	4	2	8	5
4	2	5	9	1	8	7	3	6
5	8	9	7	2	6	3	4	1
7	3	1	8	4	5	6	2	9
2	4	6	1	3	9	8	5	7
1	9	2	4	6	3	5	7	8
8	5	7	2	9	1	4	6	3
3	6	4	5	8	7	1	9	2

177

7	4	5	2	1	8	6	9	3
6	8	1	5	3	9	4	7	2
3	9	2	4	7	6	8	1	5
1	2	4	8	5	3	7	6	9
8	6	3	9	2	7	1	5	4
9	5	7	6	4	1	3	2	8
2	1	9	7	8	4	5	3	6
5	3	8	1	6	2	9	4	7
4	7	6	3	9	5	2	8	1

178

8	6	1	9	4	7	5	2	3
5	4	3	2	1	6	9	8	7
7	9	2	3	5	8	4	6	1
2	8	6	1	3	4	7	9	5
3	7	9	6	8	5	1	4	2
1	5	4	7	2	9	8	3	6
9	1	7	8	6	2	3	5	4
6	3	5	4	9	1	2	7	8
4	2	8	5	7	3	6	1	9

179

9	1	3	4	6	7	2	5	8
4	6	8	3	2	5	1	7	9
2	5	7	1	9	8	4	6	3
6	9	1	8	7	4	3	2	5
5	3	2	6	1	9	7	8	4
8	7	4	2	5	3	9	1	6
7	4	6	9	8	1	5	3	2
1	2	9	5	3	6	8	4	7
3	8	5	7	4	2	6	9	1

180

4	7	1	2	6	8	3	9	5
2	5	3	9	1	4	7	8	6
9	8	6	3	5	7	1	2	4
3	2	9	5	7	6	8	4	1
6	4	8	1	9	3	2	5	7
7	1	5	4	8	2	9	6	3
5	9	7	6	2	1	4	3	8
1	6	4	8	3	9	5	7	2
8	3	2	7	4	5	6	1	9

181

8	1	2	6	7	9	4	3	5
7	9	6	3	5	4	1	2	8
5	4	3	2	8	1	9	6	7
9	2	7	5	4	6	3	8	1
4	6	5	8	1	3	2	7	9
1	3	8	7	9	2	6	5	4
6	7	4	1	3	5	8	9	2
3	5	1	9	2	8	7	4	6
2	8	9	4	6	7	5	1	3

182

4	7	2	8	6	3	9	5	1
8	1	9	7	2	5	4	6	3
6	5	3	1	9	4	8	7	2
7	3	5	9	8	1	6	2	4
9	2	8	4	5	6	3	1	7
1	6	4	2	3	7	5	9	8
3	9	1	5	7	8	2	4	6
2	4	6	3	1	9	7	8	5
5	8	7	6	4	2	1	3	9

183

8	7	6	3	2	5	4	9	1
2	3	4	1	7	9	5	6	8
1	5	9	6	8	4	3	7	2
5	4	2	9	6	7	1	8	3
9	1	7	5	3	8	6	2	4
6	8	3	2	4	1	7	5	9
4	2	8	7	1	6	9	3	5
3	6	5	4	9	2	8	1	7
7	9	1	8	5	3	2	4	6

184

6	1	2	4	3	7	5	8	9
3	9	7	1	8	5	4	6	2
4	5	8	2	9	6	3	1	7
5	7	3	8	2	1	9	4	6
2	8	6	9	5	4	7	3	1
9	4	1	6	7	3	8	2	5
8	3	9	7	6	2	1	5	4
1	2	5	3	4	9	6	7	8
7	6	4	5	1	8	2	9	3

185

5	9	1	8	6	7	3	2	4
2	6	3	4	9	1	5	7	8
8	4	7	3	5	2	6	1	9
3	7	8	9	1	6	2	4	5
9	2	4	5	8	3	7	6	1
6	1	5	2	7	4	9	8	3
1	3	6	7	4	5	8	9	2
7	8	2	1	3	9	4	5	6
4	5	9	6	2	8	1	3	7

186

1	4	2	3	5	9	6	8	7
5	7	8	6	2	1	4	9	3
6	9	3	4	8	7	2	5	1
7	3	5	9	4	8	1	2	6
2	6	1	7	3	5	8	4	9
9	8	4	1	6	2	7	3	5
8	2	9	5	7	6	3	1	4
4	1	7	2	9	3	5	6	8
3	5	6	8	1	4	9	7	2

187

8	2	6	5	4	1	7	9	3
4	3	5	9	7	2	6	8	1
7	9	1	8	3	6	5	2	4
6	8	2	1	9	7	3	4	5
3	5	4	2	6	8	9	1	7
1	7	9	3	5	4	2	6	8
2	4	7	6	8	3	1	5	9
5	6	8	7	1	9	4	3	2
9	1	3	4	2	5	8	7	6

188

3	8	1	5	9	7	6	4	2
9	5	7	6	2	4	3	8	1
2	6	4	3	1	8	9	5	7
4	2	6	1	8	3	7	9	5
7	9	5	2	4	6	1	3	8
1	3	8	9	7	5	2	6	4
8	1	3	7	5	9	4	2	6
5	7	9	4	6	2	8	1	3
6	4	2	8	3	1	5	7	9

189

3	5	6	8	1	9	2	4	7
4	9	8	6	2	7	3	5	1
1	7	2	5	3	4	8	6	9
6	2	4	1	9	8	7	3	5
5	3	7	2	4	6	9	1	8
8	1	9	7	5	3	4	2	6
7	8	1	4	6	2	5	9	3
2	6	3	9	7	5	1	8	4
9	4	5	3	8	1	6	7	2

190

3	4	2	6	1	8	7	9	5
8	5	7	4	9	3	2	1	6
6	1	9	7	5	2	4	8	3
2	3	4	8	7	5	1	6	9
1	9	6	2	3	4	8	5	7
7	8	5	9	6	1	3	4	2
4	6	3	5	8	7	9	2	1
5	2	1	3	4	9	6	7	8
9	7	8	1	2	6	5	3	4

191

2	4	6	5	9	3	7	1	8
8	1	9	2	7	6	5	4	3
7	5	3	4	1	8	2	9	6
1	2	7	8	6	4	9	3	5
4	3	8	9	5	2	1	6	7
6	9	5	7	3	1	4	8	2
5	7	1	3	8	9	6	2	4
3	6	2	1	4	7	8	5	9
9	8	4	6	2	5	3	7	1

192

2	7	9	5	1	3	4	8	6
6	8	4	2	7	9	3	5	1
1	3	5	4	8	6	2	7	9
9	4	6	3	2	8	7	1	5
7	2	8	1	4	5	9	6	3
3	5	1	9	6	7	8	4	2
8	6	3	7	9	1	5	2	4
5	1	2	8	3	4	6	9	7
4	9	7	6	5	2	1	3	8

193

1	8	6	2	7	4	9	5	3
9	2	3	6	8	5	7	1	4
5	7	4	3	9	1	6	8	2
7	6	5	9	4	2	1	3	8
8	3	2	7	1	6	5	4	9
4	9	1	8	5	3	2	6	7
2	4	7	5	6	8	3	9	1
3	5	8	1	2	9	4	7	6
6	1	9	4	3	7	8	2	5

194

9	3	2	7	4	1	5	6	8
5	6	8	3	2	9	1	4	7
7	1	4	5	8	6	2	9	3
1	2	5	4	3	7	6	8	9
8	7	9	2	6	5	3	1	4
3	4	6	1	9	8	7	5	2
2	8	7	6	5	4	9	3	1
4	5	3	9	1	2	8	7	6
6	9	1	8	7	3	4	2	5

195

8	3	9	2	4	1	6	7	5
1	6	4	9	7	5	8	2	3
7	5	2	3	8	6	4	9	1
9	4	5	6	3	7	1	8	2
2	7	3	1	9	8	5	4	6
6	8	1	5	2	4	7	3	9
4	2	6	8	5	3	9	1	7
5	9	7	4	1	2	3	6	8
3	1	8	7	6	9	2	5	4

196

1	7	5	4	8	6	9	3	2
9	8	3	2	1	7	4	6	5
2	4	6	9	5	3	8	7	1
5	6	9	8	3	1	2	4	7
3	2	7	5	9	4	1	8	6
4	1	8	7	6	2	5	9	3
7	5	2	6	4	9	3	1	8
8	9	1	3	7	5	6	2	4
6	3	4	1	2	8	7	5	9

197

7	8	3	5	1	6	2	9	4
9	2	6	7	8	4	3	5	1
1	4	5	9	3	2	8	6	7
6	5	8	1	4	7	9	2	3
2	1	9	3	6	5	7	4	8
4	3	7	8	2	9	5	1	6
8	6	4	2	9	3	1	7	5
5	9	1	4	7	8	6	3	2
3	7	2	6	5	1	4	8	9

198

2	3	6	4	1	8	7	9	5
1	4	9	7	5	3	8	2	6
8	5	7	2	6	9	3	4	1
9	7	3	1	2	6	5	8	4
4	2	1	9	8	5	6	3	7
5	6	8	3	7	4	2	1	9
6	9	4	5	3	2	1	7	8
7	8	2	6	4	1	9	5	3
3	1	5	8	9	7	4	6	2

199

2	9	4	5	6	8	7	3	1
8	5	3	7	2	1	4	9	6
6	7	1	3	4	9	8	2	5
3	4	2	1	8	5	6	7	9
9	1	6	4	3	7	5	8	2
5	8	7	2	9	6	1	4	3
4	2	5	6	7	3	9	1	8
1	3	9	8	5	4	2	6	7
7	6	8	9	1	2	3	5	4

200

1	5	4	3	9	7	2	8	6
6	3	2	5	1	8	7	9	4
9	7	8	2	6	4	1	5	3
2	1	9	7	5	3	6	4	8
8	4	3	9	2	6	5	7	1
5	6	7	4	8	1	9	3	2
7	2	6	8	4	9	3	1	5
4	9	1	6	3	5	8	2	7
3	8	5	1	7	2	4	6	9

201

6	9	4	7	3	2	5	1	8
5	2	1	4	8	6	7	3	9
7	8	3	5	1	9	6	2	4
9	5	7	2	4	8	3	6	1
2	3	6	1	9	5	4	8	7
4	1	8	3	6	7	2	9	5
3	7	5	8	2	1	9	4	6
8	6	2	9	7	4	1	5	3
1	4	9	6	5	3	8	7	2

202

8	3	5	1	6	4	2	7	9
9	4	7	2	8	5	1	3	6
2	6	1	9	3	7	4	5	8
4	2	8	3	7	9	6	1	5
5	1	6	8	4	2	3	9	7
7	9	3	5	1	6	8	2	4
1	7	4	6	9	3	5	8	2
6	8	2	7	5	1	9	4	3
3	5	9	4	2	8	7	6	1

203

8	5	3	1	9	4	7	6	2
1	4	7	2	6	8	5	3	9
6	2	9	3	5	7	1	8	4
3	6	2	7	4	5	8	9	1
4	1	5	8	3	9	6	2	7
9	7	8	6	2	1	4	5	3
7	3	4	9	8	6	2	1	5
2	8	1	5	7	3	9	4	6
5	9	6	4	1	2	3	7	8

204

9	5	4	2	1	6	3	8	7
6	1	8	3	4	7	9	2	5
3	2	7	8	5	9	6	4	1
1	3	5	4	7	2	8	9	6
7	4	6	9	8	5	2	1	3
2	8	9	6	3	1	7	5	4
8	7	3	5	2	4	1	6	9
5	9	1	7	6	8	4	3	2
4	6	2	1	9	3	5	7	8

205

2	1	8	6	9	4	3	5	7
6	7	4	8	3	5	9	2	1
3	5	9	1	2	7	4	8	6
1	4	7	5	8	9	6	3	2
8	2	5	7	6	3	1	9	4
9	6	3	2	4	1	8	7	5
5	9	1	3	7	6	2	4	8
4	8	6	9	5	2	7	1	3
7	3	2	4	1	8	5	6	9

206

5	7	3	4	2	1	9	6	8
4	1	2	8	9	6	5	7	3
6	8	9	5	3	7	1	2	4
9	5	1	7	6	3	4	8	2
7	2	8	1	4	9	6	3	5
3	6	4	2	8	5	7	9	1
8	4	5	6	7	2	3	1	9
1	3	6	9	5	8	2	4	7
2	9	7	3	1	4	8	5	6

207

9	3	4	5	1	6	8	2	7
8	2	7	9	4	3	1	5	6
6	1	5	7	2	8	3	4	9
3	4	9	6	5	1	2	7	8
1	5	6	8	7	2	4	9	3
2	7	8	3	9	4	5	6	1
5	6	1	2	8	7	9	3	4
4	9	3	1	6	5	7	8	2
7	8	2	4	3	9	6	1	5

208

3	5	9	4	2	6	1	7	8
1	6	2	3	8	7	5	4	9
8	4	7	9	5	1	3	6	2
4	8	1	6	9	2	7	5	3
9	7	6	5	4	3	8	2	1
5	2	3	7	1	8	6	9	4
7	9	8	2	3	5	4	1	6
2	3	5	1	6	4	9	8	7
6	1	4	8	7	9	2	3	5

209

7	9	4	1	6	8	5	3	2
8	5	3	4	2	9	7	6	1
1	2	6	7	5	3	4	8	9
3	7	1	9	8	4	6	2	5
2	6	8	5	7	1	3	9	4
9	4	5	2	3	6	8	1	7
5	3	2	8	1	7	9	4	6
6	1	9	3	4	5	2	7	8
4	8	7	6	9	2	1	5	3

210

7	2	4	9	3	5	6	8	1
6	1	9	8	4	7	5	3	2
3	8	5	2	6	1	9	7	4
1	3	8	4	9	6	2	5	7
4	9	7	5	2	3	1	6	8
5	6	2	1	7	8	4	9	3
9	4	3	7	5	2	8	1	6
8	5	6	3	1	4	7	2	9
2	7	1	6	8	9	3	4	5

211

6	1	8	4	2	5	3	9	7
5	3	4	9	7	6	1	8	2
7	9	2	8	3	1	5	4	6
1	7	3	6	8	9	2	5	4
4	6	9	1	5	2	7	3	8
2	8	5	7	4	3	6	1	9
8	4	1	3	6	7	9	2	5
3	5	7	2	9	4	8	6	1
9	2	6	5	1	8	4	7	3

212

3	1	2	8	7	9	6	5	4
8	5	7	6	1	4	9	2	3
4	9	6	3	2	5	8	1	7
2	6	5	4	9	8	3	7	1
7	4	8	1	5	3	2	9	6
1	3	9	2	6	7	5	4	8
6	7	1	5	3	2	4	8	9
5	8	3	9	4	1	7	6	2
9	2	4	7	8	6	1	3	5

213

6	2	5	8	3	7	9	4	1
1	3	9	4	6	5	2	8	7
8	4	7	9	2	1	6	5	3
2	5	6	7	9	3	8	1	4
4	1	3	6	8	2	5	7	9
7	9	8	5	1	4	3	6	2
5	8	1	3	4	9	7	2	6
9	6	2	1	7	8	4	3	5
3	7	4	2	5	6	1	9	8

214

1	9	2	4	7	6	3	5	8
8	4	5	2	3	1	9	7	6
6	7	3	8	9	5	1	2	4
5	1	6	7	8	9	2	4	3
7	2	8	3	1	4	6	9	5
9	3	4	6	5	2	8	1	7
3	6	9	5	2	7	4	8	1
2	8	7	1	4	3	5	6	9
4	5	1	9	6	8	7	3	2

215

6	4	3	9	8	7	2	5	1
9	2	7	1	5	4	8	3	6
1	5	8	3	2	6	9	7	4
2	8	4	7	3	1	6	9	5
5	7	6	4	9	8	1	2	3
3	9	1	2	6	5	7	4	8
8	1	2	5	7	3	4	6	9
4	3	9	6	1	2	5	8	7
7	6	5	8	4	9	3	1	2

216

7	5	1	4	8	9	2	6	3
4	8	9	3	6	2	5	1	7
3	6	2	1	7	5	4	8	9
5	7	8	6	9	1	3	2	4
1	3	4	5	2	7	6	9	8
9	2	6	8	3	4	7	5	1
6	1	7	9	5	3	8	4	2
2	9	5	7	4	8	1	3	6
8	4	3	2	1	6	9	7	5

217

3	8	4	6	7	1	2	9	5
2	6	5	9	3	8	7	1	4
9	7	1	4	2	5	3	6	8
5	3	6	8	9	4	1	2	7
8	9	7	3	1	2	5	4	6
4	1	2	5	6	7	9	8	3
6	5	3	2	8	9	4	7	1
1	2	8	7	4	3	6	5	9
7	4	9	1	5	6	8	3	2

218

4	6	3	1	7	9	8	2	5
5	8	7	2	4	3	1	9	6
9	2	1	5	8	6	7	4	3
2	5	6	7	3	8	4	1	9
7	3	4	9	1	2	6	5	8
8	1	9	4	6	5	2	3	7
1	9	5	6	2	7	3	8	4
3	7	2	8	9	4	5	6	1
6	4	8	3	5	1	9	7	2

219

1	9	7	8	3	6	5	2	4
6	3	4	5	2	7	1	9	8
8	2	5	4	9	1	6	3	7
5	8	3	6	1	4	2	7	9
2	6	9	3	7	8	4	5	1
4	7	1	9	5	2	8	6	3
3	5	8	2	4	9	7	1	6
9	1	6	7	8	5	3	4	2
7	4	2	1	6	3	9	8	5

220

1	7	4	8	9	3	5	2	6
3	5	6	7	4	2	8	9	1
8	2	9	6	5	1	3	7	4
9	3	7	1	6	8	4	5	2
2	6	5	4	3	7	1	8	9
4	1	8	9	2	5	6	3	7
7	9	1	5	8	4	2	6	3
6	8	3	2	1	9	7	4	5
5	4	2	3	7	6	9	1	8

221

6	7	1	3	5	4	8	9	2
3	4	8	9	2	1	7	6	5
2	5	9	6	8	7	4	1	3
7	8	6	5	1	9	2	3	4
9	3	2	7	4	6	1	5	8
4	1	5	8	3	2	6	7	9
8	6	7	4	9	5	3	2	1
5	2	4	1	6	3	9	8	7
1	9	3	2	7	8	5	4	6

222

3	5	9	6	8	7	1	2	4
7	2	8	4	1	9	5	6	3
1	4	6	3	5	2	8	9	7
9	7	2	5	6	4	3	8	1
4	1	3	9	2	8	6	7	5
8	6	5	7	3	1	2	4	9
5	9	1	2	4	6	7	3	8
6	8	7	1	9	3	4	5	2
2	3	4	8	7	5	9	1	6

223

4	7	3	8	1	6	9	5	2
1	2	5	7	9	3	4	8	6
6	8	9	4	5	2	3	1	7
7	3	1	5	2	4	6	9	8
5	6	8	1	3	9	7	2	4
9	4	2	6	8	7	1	3	5
3	5	4	9	7	8	2	6	1
2	1	6	3	4	5	8	7	9
8	9	7	2	6	1	5	4	3

224

4	1	3	7	5	8	2	6	9
8	7	2	1	9	6	4	3	5
9	6	5	4	2	3	8	7	1
1	2	4	9	7	5	6	8	3
5	8	6	2	3	1	7	9	4
3	9	7	6	8	4	1	5	2
6	5	8	3	1	2	9	4	7
2	4	9	5	6	7	3	1	8
7	3	1	8	4	9	5	2	6

225

5	3	1	9	2	7	8	6	4
7	6	2	8	1	4	5	3	9
4	9	8	5	6	3	7	2	1
8	4	6	2	7	9	3	1	5
9	5	7	1	3	6	4	8	2
2	1	3	4	8	5	9	7	6
6	8	5	3	9	2	1	4	7
3	2	9	7	4	1	6	5	8
1	7	4	6	5	8	2	9	3

226

9	8	3	6	2	1	7	5	4
2	6	5	4	7	3	8	9	1
7	1	4	8	9	5	3	2	6
5	9	8	7	3	6	4	1	2
6	3	1	2	4	9	5	8	7
4	7	2	1	5	8	9	6	3
3	5	6	9	1	7	2	4	8
8	2	9	3	6	4	1	7	5
1	4	7	5	8	2	6	3	9

227

6	4	2	1	9	8	5	7	3
3	8	1	5	7	2	9	4	6
9	5	7	6	4	3	8	2	1
2	9	3	8	1	6	4	5	7
7	6	5	4	3	9	2	1	8
8	1	4	2	5	7	3	6	9
4	7	9	3	6	5	1	8	2
5	2	6	9	8	1	7	3	4
1	3	8	7	2	4	6	9	5

228

7	5	4	8	1	3	9	2	6
3	1	2	9	7	6	5	8	4
9	8	6	5	2	4	7	1	3
6	2	5	7	4	1	8	3	9
8	4	3	2	5	9	1	6	7
1	9	7	3	6	8	2	4	5
2	3	8	6	9	5	4	7	1
4	6	9	1	8	7	3	5	2
5	7	1	4	3	2	6	9	8

229

6	1	8	2	4	9	5	3	7
2	7	5	1	8	3	4	6	9
9	3	4	7	5	6	8	2	1
7	6	2	4	9	5	1	8	3
5	4	1	3	2	8	9	7	6
8	9	3	6	7	1	2	5	4
3	8	9	5	6	4	7	1	2
4	2	6	8	1	7	3	9	5
1	5	7	9	3	2	6	4	8

230

3	5	8	1	2	4	6	9	7
9	4	7	8	6	3	1	2	5
6	2	1	7	5	9	3	4	8
4	1	3	2	7	6	8	5	9
2	8	6	3	9	5	4	7	1
5	7	9	4	8	1	2	3	6
7	6	2	9	3	8	5	1	4
1	9	5	6	4	2	7	8	3
8	3	4	5	1	7	9	6	2

231

2	9	8	7	1	3	4	5	6
5	7	4	2	6	9	8	3	1
3	6	1	5	8	4	7	9	2
4	5	6	1	3	7	9	2	8
9	1	2	6	4	8	5	7	3
7	8	3	9	2	5	6	1	4
6	3	9	4	7	1	2	8	5
8	2	5	3	9	6	1	4	7
1	4	7	8	5	2	3	6	9

232

1	6	3	2	5	4	8	9	7
2	8	7	6	9	3	5	4	1
9	5	4	1	8	7	2	6	3
4	7	5	8	1	6	3	2	9
6	3	9	7	2	5	1	8	4
8	2	1	3	4	9	6	7	5
7	9	6	5	3	2	4	1	8
5	1	2	4	7	8	9	3	6
3	4	8	9	6	1	7	5	2

233

2	7	3	4	9	6	5	8	1
8	9	5	1	2	3	6	4	7
4	6	1	5	7	8	3	9	2
6	5	2	3	8	4	7	1	9
7	3	8	9	6	1	2	5	4
1	4	9	2	5	7	8	3	6
5	1	6	8	4	2	9	7	3
9	2	4	7	3	5	1	6	8
3	8	7	6	1	9	4	2	5

234

9	8	4	1	3	5	6	2	7
2	1	3	6	7	9	5	4	8
7	5	6	4	2	8	9	1	3
4	6	2	8	9	1	3	7	5
5	7	8	3	6	2	1	9	4
3	9	1	7	5	4	8	6	2
6	2	5	9	4	3	7	8	1
8	3	7	2	1	6	4	5	9
1	4	9	5	8	7	2	3	6

235

9	6	8	3	5	2	1	4	7
1	3	7	9	6	4	5	2	8
2	5	4	7	8	1	9	3	6
5	9	3	1	2	7	6	8	4
6	4	1	5	3	8	2	7	9
7	8	2	4	9	6	3	1	5
4	7	5	2	1	9	8	6	3
3	1	6	8	4	5	7	9	2
8	2	9	6	7	3	4	5	1

236

6	7	4	1	8	9	5	3	2
3	8	2	7	5	4	1	6	9
5	9	1	6	3	2	8	7	4
4	1	7	3	2	5	9	8	6
9	3	6	8	7	1	4	2	5
2	5	8	9	4	6	3	1	7
7	4	9	2	1	3	6	5	8
8	6	3	5	9	7	2	4	1
1	2	5	4	6	8	7	9	3

237

1	2	4	6	3	7	5	9	8
8	3	6	5	9	4	1	7	2
9	7	5	2	8	1	6	3	4
2	9	7	3	6	8	4	5	1
6	4	1	7	5	9	2	8	3
3	5	8	4	1	2	7	6	9
5	1	3	8	2	6	9	4	7
7	8	2	9	4	5	3	1	6
4	6	9	1	7	3	8	2	5

238

2	6	7	5	9	4	3	8	1
5	9	1	8	3	7	6	2	4
3	8	4	1	2	6	5	9	7
8	1	9	4	6	5	7	3	2
4	3	5	7	1	2	8	6	9
7	2	6	3	8	9	4	1	5
9	7	3	6	5	1	2	4	8
1	4	8	2	7	3	9	5	6
6	5	2	9	4	8	1	7	3

239

3	2	1	6	8	7	9	4	5
9	6	7	3	5	4	8	1	2
4	8	5	1	2	9	6	7	3
7	5	3	9	1	2	4	6	8
6	1	4	5	3	8	7	2	9
8	9	2	7	4	6	3	5	1
1	4	6	8	9	5	2	3	7
5	7	9	2	6	3	1	8	4
2	3	8	4	7	1	5	9	6

240

8	2	5	4	9	1	6	3	7
7	9	6	2	8	3	4	1	5
1	4	3	6	7	5	8	2	9
9	6	1	7	3	4	2	5	8
4	5	2	8	6	9	1	7	3
3	7	8	1	5	2	9	6	4
5	3	4	9	2	6	7	8	1
6	8	9	3	1	7	5	4	2
2	1	7	5	4	8	3	9	6

241

5	2	7	8	4	3	1	6	9
1	9	3	2	5	6	7	4	8
4	6	8	7	1	9	3	2	5
9	5	6	3	8	7	2	1	4
3	7	1	4	2	5	8	9	6
8	4	2	6	9	1	5	7	3
7	1	5	9	3	4	6	8	2
6	8	4	5	7	2	9	3	1
2	3	9	1	6	8	4	5	7

242

5	4	8	1	6	2	7	9	3
7	9	3	4	5	8	6	1	2
6	2	1	3	7	9	5	8	4
2	1	5	7	8	3	4	6	9
8	7	6	2	9	4	1	3	5
9	3	4	6	1	5	8	2	7
1	5	7	9	2	6	3	4	8
3	8	2	5	4	1	9	7	6
4	6	9	8	3	7	2	5	1

243

1	3	8	4	6	7	5	2	9
2	4	7	8	9	5	6	1	3
9	6	5	2	1	3	8	7	4
3	9	1	5	7	4	2	8	6
7	2	4	6	8	9	1	3	5
5	8	6	1	3	2	4	9	7
8	1	9	7	4	6	3	5	2
4	7	2	3	5	8	9	6	1
6	5	3	9	2	1	7	4	8

244

8	2	9	3	1	7	5	6	4
3	5	6	9	8	4	2	1	7
1	4	7	5	2	6	8	9	3
9	3	1	6	7	5	4	8	2
4	6	8	1	3	2	9	7	5
2	7	5	4	9	8	1	3	6
5	1	4	7	6	9	3	2	8
6	8	3	2	4	1	7	5	9
7	9	2	8	5	3	6	4	1

245

2	3	1	4	5	7	9	8	6
8	5	6	9	3	1	7	4	2
9	7	4	8	6	2	5	1	3
4	6	2	3	1	9	8	7	5
7	1	8	5	2	6	4	3	9
5	9	3	7	8	4	2	6	1
6	4	9	2	7	3	1	5	8
1	8	7	6	9	5	3	2	4
3	2	5	1	4	8	6	9	7

246

9	4	2	1	5	8	3	7	6
8	5	1	3	6	7	9	4	2
6	3	7	2	4	9	1	5	8
3	6	4	7	2	5	8	1	9
7	8	9	6	1	3	5	2	4
2	1	5	9	8	4	6	3	7
4	9	8	5	7	1	2	6	3
5	7	6	8	3	2	4	9	1
1	2	3	4	9	6	7	8	5

247

2	9	1	5	8	3	7	6	4
3	4	6	1	9	7	2	8	5
7	5	8	2	4	6	9	3	1
8	2	7	6	3	5	1	4	9
5	3	4	9	2	1	6	7	8
6	1	9	4	7	8	5	2	3
4	7	5	8	1	2	3	9	6
9	6	2	3	5	4	8	1	7
1	8	3	7	6	9	4	5	2

248

8	6	4	9	1	5	7	2	3
9	2	7	3	4	8	1	6	5
1	3	5	6	7	2	4	8	9
6	8	3	5	9	4	2	1	7
5	7	9	8	2	1	6	3	4
4	1	2	7	6	3	9	5	8
7	5	6	2	3	9	8	4	1
3	9	1	4	8	6	5	7	2
2	4	8	1	5	7	3	9	6

249

2	5	3	6	1	9	4	8	7
1	4	8	3	2	7	9	6	5
7	6	9	4	8	5	3	2	1
8	3	1	9	5	4	2	7	6
5	2	6	1	7	3	8	4	9
9	7	4	2	6	8	1	5	3
3	1	7	8	4	6	5	9	2
4	9	5	7	3	2	6	1	8
6	8	2	5	9	1	7	3	4

250

6	2	5	3	1	8	7	4	9
8	9	3	7	4	2	5	6	1
1	4	7	6	9	5	2	8	3
2	1	9	8	6	7	4	3	5
5	8	4	2	3	1	6	9	7
7	3	6	9	5	4	1	2	8
9	7	1	4	8	6	3	5	2
3	6	2	5	7	9	8	1	4
4	5	8	1	2	3	9	7	6

251

4	9	5	1	8	3	2	6	7
7	6	1	5	2	9	3	4	8
2	8	3	4	7	6	9	1	5
8	3	4	9	1	7	6	5	2
1	5	7	2	6	8	4	3	9
9	2	6	3	4	5	7	8	1
5	7	8	6	3	2	1	9	4
6	1	2	8	9	4	5	7	3
3	4	9	7	5	1	8	2	6

252

9	6	3	8	2	5	1	7	4
1	5	8	7	4	6	3	2	9
2	7	4	3	9	1	6	8	5
4	1	7	9	6	8	5	3	2
6	9	5	4	3	2	7	1	8
8	3	2	5	1	7	4	9	6
5	4	9	2	7	3	8	6	1
7	8	1	6	5	9	2	4	3
3	2	6	1	8	4	9	5	7

253

9	6	7	4	3	1	5	8	2
8	4	1	2	5	6	3	9	7
3	5	2	7	8	9	6	4	1
7	2	4	3	9	8	1	5	6
5	1	8	6	4	2	9	7	3
6	3	9	1	7	5	4	2	8
2	9	5	8	6	3	7	1	4
4	8	3	5	1	7	2	6	9
1	7	6	9	2	4	8	3	5

254

2	6	5	4	8	9	7	1	3
3	9	4	6	7	1	2	5	8
8	7	1	5	2	3	4	6	9
9	3	7	2	5	4	6	8	1
6	4	8	3	1	7	5	9	2
1	5	2	9	6	8	3	7	4
7	2	9	8	4	6	1	3	5
5	8	6	1	3	2	9	4	7
4	1	3	7	9	5	8	2	6

255

3	8	5	4	9	6	1	2	7
4	2	1	7	8	5	3	6	9
9	7	6	1	2	3	8	5	4
7	6	8	2	3	9	4	1	5
2	1	4	8	5	7	9	3	6
5	3	9	6	4	1	2	7	8
1	9	7	3	6	4	5	8	2
8	4	3	5	7	2	6	9	1
6	5	2	9	1	8	7	4	3

256

6	1	9	5	3	2	7	4	8
8	5	3	4	7	1	9	2	6
2	7	4	6	9	8	3	1	5
5	8	2	3	1	4	6	9	7
9	4	1	7	6	5	8	3	2
7	3	6	2	8	9	1	5	4
4	9	8	1	2	6	5	7	3
3	6	5	9	4	7	2	8	1
1	2	7	8	5	3	4	6	9

257

9	5	6	2	4	3	1	7	8
7	4	3	1	8	9	5	2	6
8	2	1	7	6	5	3	9	4
4	9	8	6	3	1	7	5	2
3	6	5	8	2	7	4	1	9
2	1	7	5	9	4	6	8	3
1	8	9	3	7	6	2	4	5
5	3	2	4	1	8	9	6	7
6	7	4	9	5	2	8	3	1

258

6	5	3	1	2	4	7	9	8
2	8	9	7	3	5	6	1	4
1	4	7	8	9	6	5	2	3
5	1	2	6	8	9	4	3	7
4	9	6	3	7	2	1	8	5
7	3	8	4	5	1	2	6	9
9	7	4	2	6	3	8	5	1
8	2	5	9	1	7	3	4	6
3	6	1	5	4	8	9	7	2

259

1	3	6	2	5	7	8	9	4
5	8	9	6	4	1	3	7	2
4	2	7	8	9	3	5	6	1
7	4	3	1	2	6	9	5	8
2	9	5	7	8	4	1	3	6
6	1	8	9	3	5	2	4	7
9	6	1	3	7	2	4	8	5
3	7	4	5	1	8	6	2	9
8	5	2	4	6	9	7	1	3

260

2	3	7	4	6	8	5	1	9
1	5	8	9	2	3	4	6	7
6	9	4	7	5	1	2	3	8
8	4	6	2	1	9	7	5	3
5	2	1	3	7	6	9	8	4
9	7	3	5	8	4	6	2	1
7	6	9	1	3	5	8	4	2
3	8	2	6	4	7	1	9	5
4	1	5	8	9	2	3	7	6

261

7	4	1	5	3	8	9	2	6
8	9	5	6	7	2	4	1	3
6	3	2	9	1	4	8	5	7
5	8	7	3	9	1	6	4	2
2	6	9	7	4	5	1	3	8
4	1	3	2	8	6	7	9	5
3	7	4	8	5	9	2	6	1
1	2	8	4	6	3	5	7	9
9	5	6	1	2	7	3	8	4

262

4	1	9	8	5	7	3	2	6
3	5	6	2	1	9	8	4	7
7	2	8	6	4	3	5	1	9
6	9	5	4	3	8	2	7	1
1	3	2	5	7	6	4	9	8
8	7	4	1	9	2	6	3	5
9	8	3	7	2	5	1	6	4
2	6	1	9	8	4	7	5	3
5	4	7	3	6	1	9	8	2

263

1	7	3	2	8	5	6	9	4
5	8	2	6	4	9	1	7	3
4	6	9	3	7	1	2	8	5
6	4	7	9	3	8	5	2	1
9	5	1	4	2	6	8	3	7
3	2	8	1	5	7	4	6	9
7	1	5	8	9	2	3	4	6
8	9	4	5	6	3	7	1	2
2	3	6	7	1	4	9	5	8

264

4	6	8	5	2	1	3	9	7
7	1	9	6	3	8	5	2	4
3	5	2	9	4	7	1	8	6
8	4	1	7	6	9	2	3	5
6	2	3	8	5	4	7	1	9
9	7	5	2	1	3	6	4	8
1	8	4	3	7	5	9	6	2
5	3	6	4	9	2	8	7	1
2	9	7	1	8	6	4	5	3

265

9	4	5	6	8	2	3	7	1
6	1	7	4	3	5	2	9	8
8	3	2	1	9	7	4	5	6
2	6	4	3	7	8	5	1	9
5	8	3	9	1	4	6	2	7
7	9	1	2	5	6	8	3	4
3	7	8	5	4	1	9	6	2
1	2	9	8	6	3	7	4	5
4	5	6	7	2	9	1	8	3

266

8	1	4	6	2	9	7	3	5
6	5	7	3	4	8	2	1	9
3	2	9	7	5	1	8	4	6
2	6	3	1	7	4	9	5	8
7	9	8	5	6	3	4	2	1
5	4	1	9	8	2	6	7	3
9	8	5	2	3	7	1	6	4
1	7	6	4	9	5	3	8	2
4	3	2	8	1	6	5	9	7

267

4	7	9	5	8	1	2	6	3
6	1	2	3	7	4	9	5	8
8	3	5	2	6	9	7	4	1
1	5	7	6	4	2	8	3	9
3	8	6	1	9	7	5	2	4
9	2	4	8	3	5	6	1	7
7	6	1	4	5	8	3	9	2
2	9	3	7	1	6	4	8	5
5	4	8	9	2	3	1	7	6

268

8	5	1	6	3	7	4	9	2
2	4	9	8	1	5	3	7	6
6	7	3	4	2	9	1	8	5
9	1	2	3	5	4	7	6	8
4	8	6	9	7	2	5	3	1
5	3	7	1	6	8	9	2	4
3	2	4	5	9	6	8	1	7
1	6	8	7	4	3	2	5	9
7	9	5	2	8	1	6	4	3

269

7	3	1	6	8	4	5	9	2
6	4	2	1	9	5	7	8	3
9	5	8	7	3	2	1	4	6
4	9	6	8	5	1	3	2	7
1	8	5	2	7	3	4	6	9
3	2	7	9	4	6	8	1	5
8	1	9	3	2	7	6	5	4
5	6	3	4	1	9	2	7	8
2	7	4	5	6	8	9	3	1

270

6	3	7	8	5	2	9	4	1
9	1	2	4	6	7	5	3	8
8	5	4	1	9	3	2	6	7
5	8	3	2	4	9	7	1	6
2	7	9	6	1	8	4	5	3
1	4	6	7	3	5	8	2	9
4	6	8	5	7	1	3	9	2
3	2	1	9	8	4	6	7	5
7	9	5	3	2	6	1	8	4

271

4	5	8	3	6	2	7	1	9
3	7	6	9	1	4	2	8	5
9	2	1	7	5	8	6	3	4
8	9	4	6	7	3	5	2	1
1	6	7	2	4	5	8	9	3
5	3	2	1	8	9	4	7	6
7	4	9	5	2	1	3	6	8
2	1	5	8	3	6	9	4	7
6	8	3	4	9	7	1	5	2

272

5	1	2	3	4	6	7	9	8
9	3	6	5	7	8	1	4	2
7	8	4	1	9	2	6	5	3
3	9	1	8	6	4	2	7	5
6	7	5	9	2	1	3	8	4
2	4	8	7	3	5	9	1	6
4	5	7	6	1	3	8	2	9
1	2	3	4	8	9	5	6	7
8	6	9	2	5	7	4	3	1

273

1	8	6	4	5	7	2	9	3
3	4	7	2	8	9	6	5	1
5	2	9	3	1	6	8	7	4
6	3	2	8	7	1	9	4	5
9	1	8	5	4	2	3	6	7
7	5	4	6	9	3	1	8	2
2	9	3	7	6	5	4	1	8
4	6	5	1	3	8	7	2	9
8	7	1	9	2	4	5	3	6

274

5	8	9	2	1	6	7	4	3
7	2	3	5	4	9	6	8	1
6	1	4	3	8	7	2	9	5
4	7	5	9	6	1	3	2	8
2	9	6	7	3	8	1	5	4
8	3	1	4	2	5	9	6	7
9	4	8	1	7	2	5	3	6
3	5	7	6	9	4	8	1	2
1	6	2	8	5	3	4	7	9

275

1	3	4	6	8	2	5	9	7
6	7	5	3	4	9	1	8	2
8	9	2	7	5	1	6	3	4
7	8	1	4	2	3	9	5	6
5	4	6	1	9	8	2	7	3
3	2	9	5	6	7	8	4	1
2	5	7	9	3	6	4	1	8
4	1	8	2	7	5	3	6	9
9	6	3	8	1	4	7	2	5

276

4	2	6	1	5	7	9	3	8
7	9	8	4	2	3	5	6	1
1	5	3	6	8	9	4	2	7
8	3	4	5	9	1	6	7	2
5	6	2	3	7	8	1	9	4
9	7	1	2	6	4	3	8	5
6	1	7	8	3	5	2	4	9
2	4	9	7	1	6	8	5	3
3	8	5	9	4	2	7	1	6

277

1	5	8	9	3	7	6	4	2
9	6	4	8	2	5	7	1	3
3	7	2	6	1	4	8	5	9
5	3	9	1	4	8	2	6	7
7	8	1	2	5	6	9	3	4
4	2	6	3	7	9	1	8	5
6	1	3	5	9	2	4	7	8
8	9	7	4	6	3	5	2	1
2	4	5	7	8	1	3	9	6

278

3	7	4	6	2	9	8	1	5
1	9	8	5	7	3	4	6	2
2	5	6	8	1	4	7	3	9
4	8	3	2	5	6	1	9	7
5	2	1	9	4	7	6	8	3
9	6	7	1	3	8	2	5	4
7	1	9	3	6	2	5	4	8
8	4	5	7	9	1	3	2	6
6	3	2	4	8	5	9	7	1